유럽 도시 기행

2

유럽도시기행 2

초판 1쇄 인쇄 2022년 7월 02일
초판 1쇄 발행 2022년 7월 09일

지은이 유시민
사 진 한경혜

펴낸이 이상순 **주간** 서인찬 **영업지원** 권은희 **제작이사** 이상광 **마케팅** 정원식

펴낸곳 (주)도서출판 아름다운사람들 **주소** (10881) 경기도 파주시 회동길 103 **대표전화** (031) 8074-0082
팩스 (031) 955-1083 **이메일** books777@naver.com **홈페이지** www.book114.kr

생각의길은 (주)도서출판 아름다운사람들의 인문 교양 브랜드입니다.

ISBN 978-89-6513-770-2 (03900)

이 도서의 국립중앙도서관 출판예정도서목록(CIP)은 서지정보유통지원시스템 홈페이지(http://seoji.nl.go.kr)와
국가자료종합목록시스템(http://www.nl.go.kr/kolisnet)에서 이용하실 수 있습니다. (CIP제어번호 : CIP2019023407)

유시민

Vienna

Budapest

Praha

Dresden

유럽 도시 기행 2

일러두기

1. 띄어쓰기와 맞춤법은 국립국어원의 《표준국어대사전》을 기준으로 삼았습니다.

2. 한글로 표기된 외래어는 외래어 맞춤법에 맞게 고쳤으나,
   일부 지명이나 인명의 표기는 여행지에서 통용되는 친숙한 용어를 그대로 사용하였습니다.

3. 한자와 원어는 의미상 필요한 경우에만 한글 옆에 병기하였고,
   생소한 어휘는 독자들의 이해를 돕기 위하여 설명을 달아두었습니다.

4. 수록된 지도와 사진을 활용하면 여행의 경로를 이해하는 데 도움이 됩니다.
   보다 자세한 지도와 사진이 필요하시면 검색엔진을 활용해보세요.

오래된 도시에
남아 있는 사람의 이야기를 찾아서

《유럽도시기행》 1권을 내고 제법 긴 시간이 지났다. 코로나19 바이러스 대유행으로 해외여행이 불가능해진 상황이라서 2권 출간을 두 해 넘게 늦추었다. 이번에는 빈·부다페스트·프라하·드레스덴 이야기를 담았다. 다음에는 서쪽 이베리아반도의 바르셀로나·마드리드·리스본·포르투를 탐사하려고 한다.

2권의 중심은 빈이다. 문화 예술에 한정할 경우 빈은 파리와 어깨를 나란히 할 정도로 수준이 높고 가진 것이 많다. 오랜 세월 합스부르크제국의 수도였고, 19세기 후반 짧은 기간에 낡은 중세 도시에서 벗어나 유럽의 첫손 꼽는 문화 예술 도시로 도약했으며, '비엔나커피'에서 모차르트의 음악까지 다양한 매력으로 사람을 끌어들인다. 특히 음악과 미술을 사랑하는 여행자는 빈을 빠뜨리지 않는다.

부다페스트와 프라하는 합스부르크제국의 영향권에 있었던 만큼 정치·경제·문화·역사 등 모든 면에서 빈과 깊이 얽혀 있다. 하지만 도시 공간의 구조와 문화적 분위기는 크게 다르다. 빈이 지체 높은 귀족이라면 부다페스트는 모진 고생을 했지만 따뜻한 마음을 간직한 평민 같았고 프라하는 걱정 없이 살아가는 '명랑소년'을 보는 듯했다. 온몸이 부서지는 사고를 당해 혼수상태에 빠졌다가 겨우 깨어나 재활 중인 중년 남자라고 해도 될 드레스덴은 프라하에 갈 때 들르기 좋은 도시여서 2권에 넣었다.

1권 표지에는 네 도시의 대표 건물을 내세웠다. 유럽의 역사를 바꾸었던 그 도시들에는 문명사의 한 시대를 증언하는 집이 있었다. 하지만 2권의 도시에는 그런 것이 없었다. 그보다는 도시의 역사에 자신의 이름과 행적을 각인한 사람의 모습이 더 크고 뚜렷하게 보였다. 그래서 그들을 표지에 넣었다. 빈은 시씨 황후, 부다페스트는 언드라시 백작, 프라하는 종교개혁가 얀 후스다. 드레스덴은 딱히 내세울 대표 인물을 정하기 어려워서 랜드마크 1번에 해당하는 성모교회를 선택했다. 그 사람들의 삶과 성취, 성모교회의 죽음과 부활은 내 마음에 파르테논 · 콜로세움 · 아야소피아 · 에펠탑 못지않은 여운을 남겼다.

1권에 대한 독자들의 평가를 꼼꼼히 살폈다. 나는 도시의 건축물 · 박물관 · 미술관 · 길 · 광장 · 공원을 '텍스트(text)'로 간주하고 그것을 해석하는 데 필요한 '콘텍스트(context)'를 전달하는 데 주력했다. 도시는 콘텍스트를 아는 사람에게 말을 걸어주며, 그 말을 알아듣는 여행자는 그렇지 않은 경우보다 훨씬 깊고 풍부한 감정을 느낄 수 있다고 믿기 때문이다. 그래서인지 소화하기 어렵다거나 거기 사는 사람들의 일상이 보이지 않아 아쉽다고 하는 독자가 적지 않았다. 충분히 이해하고 공감할 수 있는 지적이다. 그렇지만 무엇을 크게 바꿀 수는 없었다. 평범한 한국인 단기여행자와 같은 방식으로 다니고, 그런 여행자에게 유익한 정보를 추려 제공할 목적으로 《유럽도시기행》

시리즈를 쓰고 있기 때문이다.

애초에 욕심이 지나쳤는지도 모르겠다. '콘텍스트'를 이야기하려면 '텍스트'를 먼저 제시해야 하는데, 그게 말처럼 쉽지 않았다. 한 도시의 왕궁 · 성당 · 교회 · 박물관 · 거리 · 광장은 복잡하게 얽힌 입체여서 글로 보여주기 어렵다. 그 도시들을 가본 적이 있는 독자가 더 적극적이고 우호적인 평을 남긴 것은 그 때문일 것이다. '텍스트'를 보지 않은 사람은 '콘텍스트'의 가치를 알기 어렵다. 사진을 많이 실으면 도움이 될 수 있겠지만 무한정 실을 수도 없는 일이다. 그러니 번거롭더라도 도시의 사진이나 동영상을 검색해 가면서 읽기를 독자들에게 권할 수밖에 없다. 해보면 의외로 재미가 있을 것이다.

거듭 말하지만 나는 독자들과 공유하면 좋겠다고 판단한 정보를 추려서 책을 썼다. 그 정보가 객관적으로 중요한 것이라 주장할 생각은 없다. 그 도시들의 여러 공간에서 누구나 같은 감정을 느껴야 하는 것도 아니다. 인생이 그렇듯 여행도 정답은 없다. 저마다 자신이 원하는 방식으로 해나가면 그만이다. 이미 밝혔듯, 이번에도 내가 독자들에게 기대하는 평가는 하나뿐이다. "흠, 이 도시에 이런 게 있단 말이지. 나름 재미있군."

코로나19 사태의 끝자락에서 자유롭게 여행할 수 있는 날이 오리라는 희망을 독자들과 나누고 싶다.

2022년 7월

유 시 민

차례

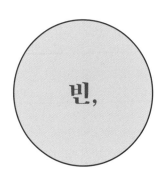

빈,

내겐 너무 완벽한 ● 12

부다페스트,

슬픈데도 명랑한 ● 96

프라하,

뭘 해도 괜찮을 듯한 ● 166

드레스덴,

부활의 기적을 이룬 ● 244

빈, 내겐 너무 완벽한

부다페스트, 슬픈데도 명랑한

프라하, 뭘 해도 괜찮을 듯한

드레스덴, 부활의 기적을 이룬

린즈

빈

잘츠부르크

오스트리아

인스부르크

그랏츠

클라겐푸르트

나의 빈 여행지

도나우 타워
도나우강
도나우 운하
훈데르트바서하우스
응용예술 박물관(MAK)
쿤스트러트 하우스
슈테판 성당
가름스플리츠여(바그너 기차역)
벨베데레 궁전
시씨 박물관
하스하우스
페스트조일레
훈데르트바서하우스
제체시온
부티프교회
빈대학교
부르크 극장
국회의사당
빈 시청
자연사 박물관
마리아 테레지아 광장
예술사 박물관
호프부르크 왕궁
쇤브룬궁

빈,
내겐 너무 완벽한

'답정너' 링-슈트라세

빈은, 책으로 말하자면, 유명한 인문학 고전과 비슷하다. 명성 높은 인문학 고전은 모르면 교양인이 아닌 것 같아서 읽는 경우가 많다. 대단한 내용이 들어 있는 것 같긴 하지만 이해하기가 쉽지는 않다. 다 읽어도 내용을 제대로 이해했는지 확신하지 못한다. 내게는 플라톤·공자·단테·괴테 등의 책이 다 그랬다. 빈에 발을 들여놓았을 때 내 심정은 그런 책들을 펴들었던 때와 다르지 않았다.

빈은 명성만큼 대단해 보였다. 도심의 모든 공간이 영화 속 같았다. 건물은 하나같이 크고 멋졌으며 거리는 넓고 깨끗했다. 상가의 쇼윈도와 사람들의 옷차림에 부티가 흘렀다. 카페와 레스토랑은 실내장식이 화려했고 음식값도 그만큼 비쌌다. 바로크 스타일 건물에 들어선 공공 전시관과 세련미 넘치는 민간 갤러리에는 미술 교과서에서 보았던 거장들의 그림과 조각이 넘쳐났고, 오페라하우스와 음악협회 공연장 등에서는 유럽 최고 수준의 악단이 모차르트와 베토벤을 비롯한 대가의 작품을 공연했다. 호프부르크와 쇤브룬을 비롯해 궁전도 여럿이었다. 그런데 빈에서는 어쩐지 마음이 편하지 않았다. 나만 그런가 해서 그게 더 불편했다. 그런데 빈을 버리고 떠난 황후 가 있었다는 사실을 알고는 마음이 조금 놓였다. '나만 그런 게 아니 었어. 황후도 버거워했던 곳이라잖아!'

인문학의 '위대한 고전'을 읽을 때는 서문부터 끝까지 차근차근 읽어야 한다. 멋대로 건너뛰거나 앞뒤를 바꿔 읽으면 더 힘들다. 빈 여행도 그랬다. 무엇부터 봐야 할지, 어디에서 출발해 어떤 곳을 거 쳐 어느 지점에서 하루 일정을 끝내야 좋을지 고민할 필요가 없었다. 내키는 대로 다니라든가, 길을 잃어야 여행의 진짜 재미를 알 수 있 다든가 하는 말은 통하지 않았다. 단기여행자가 선택할 수 있는 탐사 경로는 하나뿐이었다. 링을 따라 걸으면서 안팎을 살핀 다음 버스나 트램을 타고 외곽의 명소를 방문하는 것이다. 숙소가 어디든, 링의 어 느 지점에서 출발하든, 그건 상관이 없다.

오스트리아공화국의 공용어는 독일어다. 수도 빈(Wien)은 영어식 이름 비엔나(Vienna)로 널리 알려져 있다. 상주인구가 2백만 명에 육박 하는 대도시지만 빈의 공간 구조는 매우 단순하다. 이름난 건축물과 역사문화공간은 도심 순환도로인 링-슈트라세(Ring-strasse) 주변에 포 진해 있고 외곽은 대부분 상업지구와 주거단지다. 빈 사람들은 링-슈 트라세를 간단히 '링'이라고 한다. 링은 이렇게 말했다. '답은 정해져 있어. 넌 걷기만 해!'

우리는 첫날 아침 호텔 프론트에서 대중교통 수단을 무제한 이 용할 수 있는 72시간짜리 '빈카르테(Wienkarte, 비엔나 카드)'를 구입했다. 링의 북서쪽 구간 보티프교회 앞에서 출발해 시계 반대 방향으로 걷다가 해가 저물 때 멈추었고, 다음 날 아침 다시 그곳에서 같은 방향으로 나아갔다. 나흘 내내 주로 걸어 다니면서 다리가 아프거나 멀리 나갈 때만 잠깐씩 트램과 버스를 탔다. 맨 먼저 구도심 중심부의 슈테판 성당 근처를 보았고 이틀 동안 링을 따라가면서 빈대학교, 시청사, 부르크 극장, 국회의사당, 호프부르크, 예술사 박물관과 자연사 박물관, 제체시온, 오페라하우스, 바그너 기차역, 콘체르트하우스, 시립공원, 응용예술 박물관, 연방정부청사와 도나우 운하까지 제법 많은 곳을 방문했다. 베토벤 기념관과 음악 박물관, 알베르티나 미술관은 다음 기회로 미루었다. 나머지 이틀은 쇤브룬 궁전과 벨베데레 궁전, 훈데르트바서하우스, 도나우 타워 같은 외곽의 역사문화공간을 보았다.

살아 있는 화석, 슈테판 성당

오래전 처음 빈에 갔을 때, 어설프게 알면 아예 모르느니만 못할 수 있다는 걸 깨달았다. 슈테판 성당이 독일어로 슈테판스'돔'(Stephans'dom')이니까 지붕이 반구 형태일 것이라 짐작했는데 그게 아니었다. 독일어 사용 지역에서 '돔'은 가톨릭의 대주교좌 성당을 가리키는 말일 뿐 지붕의 모양과는 아무 상관이 없다. 독일 사람들이 '쾰르너돔'이라고 하는 쾰른의 대성당에 쏟아져 내릴 듯 무시무시한 고딕 첨탑이 있다는 것도 그때는 몰랐다.

슈테판 성당은 링의 중심에 있다. 이곳을 탐사의 출발점으로 삼은 것은 사라져 버린 '1857년 이전'의 풍경을 상상해 보고 싶어서였다. 왜 하필이면 1857년인가? 황제가 수백 년 동안 빈을 둘러싸고 있었던 대성벽을 헐어내기로 결단한 게 바로 그때였다. 도시는 생물처럼 생로병사의 과정을 겪는다. 대성벽의 해체는 빈의 운명을 극적으로 바꾸었다. 작고 낡은 중세 도시였던 빈은 고치에서 빠져나온 나비처럼 날개를 활짝 폈고 19세기 후반을 지나면서 완전히 새로운 도시로 탈바꿈했다.

슈테판 성당은 살아 있는 화석이다. 중세 도시의 흔적을 온몸에 지니고 있다. 원래는 12세기에 지은 로마네스크 양식 성당이었는데 큰불이 나서 무너졌다. 그 자리에 14세기 초부터 2백여 년 걸려 새로 성당을 지었는데 종교 건축양식의 유행 변화를 받아들여 중앙 회랑과 지붕을 고딕 양식으로 바꾸었다. 부드러운 곡선을 강조하는 로마네스크 양식의 흔적은 성당 전면에만 흐릿하게 남아 있었다. 길이 107미터 너비 34미터, 축구장만 한 땅을 딛고 선 본당 건물에는 첨탑이 넷 있는데 남탑인 슈테플(Steffl, 슈테판의 애칭)이 136미터로 단연 높다. 벽돌을 생선 뼈 모양으로 짜 맞춘(herring bone) 지붕에는 합스부르크 왕가의 문장 '쌍두(雙頭) 독수리'가 새겨져 있었다. 내부시설은 권력자의 취향과 유행에 따라 여러 차례 달라졌지만 중앙설교대를 비롯한 중심 공간을 고급 대리석과 화려한 귀금속으로 꾸민 것만큼은 바뀌지 않았다.

빈 시민들은 슈테판 성당을 대단한 자랑으로 여기지만 바티칸의 베드로 성당이나 이스탄불 아야소피아를 본 사람이라면 그리 대

슈테판 성당 내부의 화려하고 엄숙한 분위기.

단하게 여기지 않을 것이다. 한 도시에서 종교 시설은 하나만 본다는 원칙에 따라 빈에서도 슈테판 성당 한 곳만 꼼꼼히 살펴보았다. 초기 고딕 성당답게 내부에 기둥이 많았고 기둥마다 크고 작은 조각상이 붙어 있었다. 그렇지만 스테인드글라스가 수수해서 그런지 분위기는 편안했다. 어디서나 그렇듯 관광객들은 정교하고 화려한 중앙 설교단 주변에 몰려 있었다. 가톨릭 성인의 반열에 오른 네 사람의 신부, 악을 상징하는 도마뱀과 두꺼비, 짖는 개를 비롯한 조각상들은 오늘날 체코공화국에 속하는 모라비아 출신 예술가 안톤 필그림(Anton Pilgrim)이 내부 장식을 설계했던 16세기 빈의 귀족들이 어떤 종교적 관념과 문화적 취향을 지니고 있었는지 넌지시 알려주었다.

유럽의 크고 오래된 성당들이 대개 그러했듯 슈테판 성당도 왕가의 영묘였다. 중앙 제단 가까이에 놓인 프리드리히 3세(1415-1493)의 대리석 관에는 모음 다섯 개(A.E.I.O.U.)가 새겨져 있는데, "오스트리아는 세상에서 마지막까지 존재하리"라는 라틴어 문장 또는 "온 세상이 오스트리아에 복속하리"라는 독일어 문장의 단어 첫 글자를 적은 것이라고 한다. 프리드리히 3세는 합스부르크 왕가의 기반을 만들었고 교황과 좋은 관계를 맺어 이곳을 대주교좌 성당으로 승격시킨 왕이었으니 거기에 관이 있는 게 당연하다. 하지만 왕 노릇 하기를 힘겨워했고 헝가리의 마차시 1세한테 도시를 빼앗기고 쫓겨나기도 했던 사람의 관에 새길 문장은 아니지 않나 싶었다.

황제와 가족의 시신을 안치한 성당 지하의 카타콤베(Katakombe)는 고대와 중세 기독교인들의 부활에 대한 믿음과 열망을 드러낸다. 로마제국의 기독교인들은 심판과 부활의 날에 대비해 시신을 보존하려고 장례 방식을 화장에서 매장으로 바꾸었는데, 그게 어떤 문제를 일으켰을지 짐작하기는 어렵지 않다. 제국이 번영하자 로마는 인구가 늘어났다. 사망자도 따라 늘었지만 묘지는 무한정 넓힐 수 없었다. 그래서 성당 가까운 곳에 지하 묘지를 만들었다. 순교자나 성인들 근처에 있으면 부활의 날이 왔을 때 뭐라도 덕을 볼 수 있지 않을까 하는, 지극히 세속적인 타산 때문이었으리라. 카타콤베 관람은 권할 뜻이 없다. 방부 처리한 왕족의 장기를 담은 항아리, 페스트로 죽은 이들의 뼈가 켜켜이 쌓인 광경을 굳이 따로 입장료까지 내면서 볼 필요는 없지 않겠는가.

슈테판 성당은 파리의 노트르담처럼 종교 행사와 국가 의전을 연권력 공간이었다. 하지만 서양 고전음악을 사랑하는 여행자들은 여기서 모차르트를 떠올린다. 그의 화려한 결혼식과 초라한 장례식이 모두 여기서 열렸다. 빅토르 위고의 소설 독자들이 노트르담에서 콰지모도와 에스메랄다를 떠올리는 것과 같은 이치다. 그러나 역사 덕후라면 성당 외벽의 금속 표준자와 둥글게 패인 홈에 시선을 줄 것이다. 옷감이나 빵을 거래할 때 길이와 크기를 확인하라고 만들어 두었다고 하니, 성당 광장 주변에 시장이 열렸고 수량을 속여 고객을 등치려는 장사꾼도 많았음이 분명하다. 학창 시절 역사 시간에 배웠던, 표준을 제정하고 도량형을 통일한 왕들이 떠올랐다. '그렇지. 거래 질서를 확립해서 산업을 진흥하고 사회적 평화를 이룬 군주는 역사에 남을 자격이 있어!'

성당 내부를 둘러보고 광장으로 나오니 기이한 광경이 펼쳐지고 있었다. 그날은 7월 중순인데도 찬 바람이 불고 빗방울이 흩날렸다.

긴 소매 옷을 입고 후드를 눌러쓴 사람들이 이어폰을 꽂은 채 서성
이면서 이따금 앞이나 옆으로 스마트폰 쥔 손을 쭉 뻗곤 했다. '좀비
플래쉬몹이라도 하는 건가?' 알고 보니 그들은 휴대전화로 증강현실
(AR) 게임을 하는 중이었다. 슈테판 광장은 원래 놀이터였다. 중세에
는 거기서 부활절 행사를 비롯한 갖가지 축제를 열었다. 호모 루덴스
(homo ludens), 우리는 놀이를 즐기는 종이다. 뭘 가지고 어떻게 노는지
만 달라질 뿐, 그 본성은 변하지 않는다.

대성벽

높은 곳에서 세상을 내려다보면 기분이 좋아진다. 그래서인지 사
람들은 온 힘을 다해 산꼭대기에 오른다. 몸 고생 없이 눈 호강을 즐
길 수는 없을까? 케이블카와 승강기는 대답한다. 와이 낫? 성당의 남
탑 슈테플에도 그게 있다. 340개 넘는 계단을 오르지 않아도 된다. 슈
테플 전망대는 파리 에펠탑 전망대처럼 도시의 모든 것을 보여준다.
시내뿐 아니라 공항 관제탑처럼 보이는 외곽의 쓰레기소각장, 멀리
북동쪽 강 건너편의 도나우 전망대, 남동쪽 변두리의 벨베데레 궁전
도 훤히 보였다. 비너발트(Wienerwald, 빈 숲)가 넓게 펼쳐진 서쪽 외곽
의 구릉지대 말고는 사방이 다 평지여서 그리 감탄할만한 경치는 아
니었다. 그렇지만 뜻밖의 배움을 얻었다. 대성벽을 왜 쌓았고 왜 헐었
는지 알 수 있었다.

오스트리아는 헝가리(동), 스위스(서), 이탈리아(남), 독일과 체

슈테판 성당의 탑에서 본 도심 풍경.

코(북)에 둘러싸인 완벽한 내륙 국가다. 국토 면적은 8만4천km^2로 대한민국보다 조금 작지만 대부분 산악이고 경작지가 적어 인구가 9백만 명도 되지 않는다. 빈은 알프스 북쪽 비탈에 있으니 주변 지세가 험준할 거라 짐작했지만 슈테플 전망대에서 보니 그렇지 않았다. 도나우강을 낀 평지에 들어선 도시였다. 유럽은 중세 내내 봉건 영주와 왕들의 영토전쟁에 휩쓸렸고 몽골과 투르크를 비롯한 외부 침략에도 시달렸다. 평지의 도시에는 높고 튼튼한 성벽이 생존의 필요조건이었다.

　오스트리아 국민은 대부분 독일어를 쓰고 가톨릭을 믿는다. 고대 독일어에서 '동쪽 땅'을 의미했던 국명 외스터라이히(Österreich, 오스트리아는 이 단어의 라틴어 표기법에서 유래)는 이 지역이 옛날부터 독일어 사용권의 동쪽 변방이었음을 시사한다. 켈트족, 라틴족, 슬라브족 등이 순차적으로 들어와 뒤섞였는데 9세기에 프랑크왕국의 단일 행정구역이 됨으로써 독일, 프랑스, 이탈리아와는 다른 국가로 발전하게 되었다. 빈은 철기 시대 켈트족이 들어와 요새를 만들었을 때 '빈도보나(Vindobona)'라는 지명이 생겼고 B.C.1세기 로마군이 점령하면서 역사 기록에 처음 등장했으며 로마군의 성채 일대가 최초의 도심이 되었다. 12세기 들어 상업이 발전하고 십자군의 집결지가 되면서 국제도시로 발돋움했고 합스부르크 가문이 터를 잡고 신성로마제국 황제 직위를 차지한 16세기 이후 중요한 도시로 떠올랐다. 오스만제국 군대의 포위 공격을 두 번 물리친 이후 유럽 기독교인들은 빈을 이슬람의 서진을 막는 종교적 군사적 요충으로 받아들였다.

　2021년 기준 1인당 국민소득 5만 달러를 넘은 오스트리아는 제약 · 엔진 · 석유화학을 비롯한 제조업이 GDP의 30%를 생산하는 '강소국'이며 금융 · 유통 · 의료 · 복지 등 서비스 산업 선진국이다. 게다가 산과 호수, 도시의 화려한 경관, 높은 수준의 음악과 예술로 세계인을 끌어들이는 관광 대국이다. 그렇지만 그런 사실만으로 베를린과 파리를 능가하는 빈의 화려함을 다 설명하기는 어렵다. 수백 년 동안 거대한 합스부르크제국의 수도였다는 사실을 함께 고려해야 한다. 빈을 탐사하다 보면 저절로 합스부르크제국의 역사를 만나게 된다.

합스부르크제국은 독특한 국가였다. 처음에는 중세 귀족의 봉토에 불과했지만 긴 세월에 걸쳐 독특한 방법으로 다양한 종교와 역사와 언어와 문화를 가진 집단이 거주하는 광대한 지역을 하나의 국가 질서 아래 통합했다. 그 제국은 제1차 세계대전 직후 해체되어 사라졌고, 독일어를 쓰는 사람들이 사는 지역만 남아 오스트리아공화국이 되었다. 정확하게 시대구분을 하려면 너무나 번거로우니 그 가문이 빈을 지배했던 5백여 년을 통틀어 '합스부르크제국'이라 하자.

11세기 스위스 북부 아르가우 지방의 어떤 귀족이 합스부르크(Habsburg)라는 성(城)을 지었다. 그때만 해도 그리 특별할 것 없는 시골 귀족이었을 뿐인데, 2백 년쯤 지났을 때 후손 한 사람이 독일 지역 봉건영주들의 왕으로 뽑혔고 그 아들이 오스트리아 영지를 물려받았다. 합스부르크 가문은 주로 혼인을 통해 보헤미아 · 헝가리 · 스위스 티롤 · 이탈리아 북부 지역을 손에 넣었고 15세기 중반부터 3백여 년 동안 신성로마제국 황제 직위를 대물림했다. 이탈리아 피렌체를 지배하면서 문화예술을 후원해 이름을 떨쳤던 메디치 가문조차 한낱

'시골 부자'로 보이게 할 정도로 영토가 넓고 돈이 많았는데도 정복
전쟁을 벌이지 않았으니 교황과 이웃의 세속권력자들이 좋아할 만했
다.

 신성로마제국은 중세 봉건 귀족들의 느슨한 '정치적 동호회'였고
황제는 일종의 명예직에 지나지 않았다. '신성'할 것도 없었고 '로마'
에 있지도 않았던 그 제국의 황제는 나폴레옹 군대가 유럽 대륙 전체
를 장악했던 1806년 제국의 해체를 공식 선언했다. 그런데 그가 다스
린 나라는 그때 처음으로 실체를 가진 제국이 되었다. 오늘날의 오스
트리아와 독일 서남부 지역·체코·헝가리·리히텐슈타인·슬로베
니아·벨기에·룩셈부르크·네덜란드·스위스·폴란드·프랑스 남
부·이탈리아 북부 지역까지, 제국의 영토는 상상하기 어려울 만큼
넓었다. 빈의 대성벽은 합스부르크제국의 심장을 보호하는 갑옷이었
다. 정략결혼으로 영토를 획득했고 전쟁에는 지극히 무능했던 합스
부르크 왕가는 15세기부터 18세기까지 도시 전체를 둘러싼 대성벽을
축조하고 바깥에 외성벽을 한 겹 더 쌓았다.

 링은 워낙 넓은 길이라 슈테플 전망대에서 보아야 그 모양과 크
기를 가늠할 수 있다. 링을 따라 가상의 성벽을 세우고 바깥쪽의 건
물들을 지우자 중세 도시 빈이 보였다. 그 큰 제국의 수도가 그토록
작았다니, 믿기지 않았다. 서울 남산 전망대에서 본 한양도성이 떠올
랐다. 숭례문-서대문-인왕산-북악산을 돌아 낙산-동대문을 거쳐 남
산으로 다시 이어지는 한양도성의 길이는 18.6킬로미터다. 그것이 조
선의 수도 한양의 크기였다. 링은 북쪽 도나우 운하 구간까지 다 합
쳐도 5.4킬로미터에 지나지 않는다. 정복전쟁으로 영토를 넓힌 제국

의 수도라면 그렇게 작을 수 없었을 것이다. 높고 두꺼웠던 빈의 대
성벽은 합스부르크의 권력자들을 지배했던 두려움을 드러낸 건축물
이었다. 프란츠 요제프 황제는 그런 감정을 이겨냈기에 그 성벽을 길
로 바꾸는 결단을 할 수 있었다.

품메린, 그라벤, 비엔나커피

대성벽이 없었다면 빈은 일찍이 이슬람 세계에 편입되었을지 모
른다. 1453년 비잔틴제국의 수도 콘스탄티노플을 정복한 오스만제
국 군대는 여세를 몰아 헝가리와 체코 일대를 장악한 다음 1529년 빈
을 포위했다. 빈 다음 차례는 독일과 프랑스였다. 유럽 기독교 세계는
공포의 도가니에 빠졌다. 그러나 빈은 오스만제국 군대의 포위 공격
을 견뎌냈다. 성벽을 더 튼튼하게 쌓아 1683년 오스만제국의 두 번째
포위 공격도 물리쳤다. 알프스의 겨울 추위를 견디지 못해 철수한 적
군의 요새에서 청동 대포를 3백 개 넘게 노획한 빈 사람들은 그것을
녹여 18톤짜리 종을 만들었다. 그게 빈의 대표 볼거리 가운데 하나인
품메린(Pummerin)이다. 슈테플 하단에 매달아 두었던 품메린이 제2차
세계대전 막바지 러시아군의 폭격에 맞아 크게 부서지자 오스트리아
정부는 전쟁이 끝난 후 무게가 4톤이나 늘어난 두 번째 품메린을 만
들어 슈테판 성당의 북탑인 '독수리탑'에 걸었다.
　　그들은 간절한 소망을 담아 품메린을 제작했다. 침략자의 대포를
녹여 만든 종을 울리면서 도시의 안전과 평화를 빌었다. 슈테플에 첫

번째 품메린을 걸 때 사람들이 구름처럼 모였던 장면은 그림으로, 두 번째 품메린을 독수리탑에 올리던 광경은 사진으로 남아 있다. 제2차 세계대전이 끝난 후 오스트리아공화국이 영세중립국을 선포하고 국제사회의 승인을 받음으로써 빈 시민들은 그 오래된 평화의 소망을 이루었다. 품메린은 쇳덩어리가 아니라 소망의 덩어리였다. 전쟁·파괴·학살이 없는 세상을 갈구하는 소망의 덩어리.

슈테판 성당·슈테플·독수리탑·품메린과 슈테판 광장 일대를 돌아보는 데 제법 긴 시간이 걸렸다. 광장 남쪽 캐른트너 거리로 나서기 전에 광장 서쪽 그라벤(Graben)의 카페에 들렀다. 그라벤은 도랑, 개천, 참호 등을 가리키는 명사인데, 동사로 쓰면 우물이나 굴을 '판다'는 뜻이다. 고대 로마 군인들은 움푹한 개천이었던 그곳을 전투용 참호로 사용했는데, 중세에 개천에서 광장 형태의 길로 바뀌자 고급 호텔·상점·레스토랑이 들어왔다.

그라벤은 사람이 붐볐지만 분위기가 차분했다. 도시의 역사에서 가장 참혹했던 사건을 품은 공간이라 그런가? 비가 내려서 그런가? 나만 그렇게 느낀 건지도 모를 일이다. 카페의 노천 탁자에서 달콤한 '비엔나커피'를 홀짝이며 그라벤 한가운데 선 '페스트조일레(Pestsäule, 페스트기둥)'를 바라보았다. 안내서와 관광 지도에는 '삼위일체상'이라고 나와 있지만 빈 사람들은 페스트조일레라고 한다. 특별히 예술적이거나 아름답다는 느낌은 받기 어려운, 유럽 도시 어디서나 볼 수 있는 조형물이었지만, 페스트조일레는 품메린 못지않게 간절한 소망을 담고 있다.

중세 빈의 권력자와 시민들이 두려워한 것은 외부 침략만이 아니었다. 전염병은 오스만제국의 군대보다 더 무서웠다. 1679년 여름 죽음의 파도가 도시를 덮쳤다. 쥐벼룩이 옮기는 '림프절 페스트(bubonic plague)'였는데, 그때는 병의 원인과 실체를 몰랐다. 도나우를 오가는 화물선을 타고 온 쥐가 페스트균을 퍼뜨렸다는 게 유력한 가설인데, 그렇다고 해서 쥐를 비난할 수는 없다. 화물선은 도나우가 품은 수많은 도시를 다녔다. 쥐가 일부러 빈을 골라 곤경에 빠뜨렸을 리가 없다. 문제는 빈 그 자체였다. 대성벽이 둘러싼 도심의 인구밀도가 너무 높았다. 생활하수가 그대로 흘러드는 강물을 식수로 썼다. 공중보건 상태가 지극히 나빴다. 페스트가 창궐하는 데 알맞은 조건을 고루 갖추고 있었던 것이다.

무지와 두려움이 사태를 키웠다. 병에 걸려 죽은 이들의 시신을 방치한 탓에 페스트는 순식간에 도시 전체에 퍼졌다. 다음 해까지 1년 정도 지속된 대유행 기간에 상주인구의 절반인 십만 명이 죽었다. 살아남은 사람들은 말로 표현할 수 없을 절망과 공포를 겪었다. 그러나 굴복하거나 포기하지 않고 페스트에 맞선 이들이 있었다. 의사와 가톨릭 봉사단체 회원들이었다. 그들은 시신을 치우고 거리를 청소했으며 격리병원을 만들어 환자를 치료했다. 프라하로 피신했다가 대유행이 지나간 후에 돌아온 레오폴트 1세는 희생자를 애도하고 페스트가 다시는 찾아들지 않기를 신에게 빌면서, 시신을 무더기로 던져 넣었던 그라벤에 '성삼위일체'를 조각한 기둥 형태의 조형물을 세웠다. 페스트조일레였다.

누가 페스트를 물리쳤는지 우리는 안다. 공중보건 전문가, 행정가, 건축가, 의사와 과학자들이었다. 그들의 분투와 지성과 헌신 덕분

비 오는 날의 그라벤,
꼭대기에 금박을 씌운 페스트조일레가 보인다.

에 인류는 전염병의 공포에서 벗어날 수 있었다. 그러나 3백 년 전의 빈 시민들은 그렇지 않았다. 보이지 않는 치명적 전염병을 견디는 일이 얼마나 끔찍했겠는가. 기도의 힘이 모자라서 신의 가호가 내리지 않은 게 아니었다. 세균에 대한 정보와 지식이 없어서 비극을 막지 못했다. 30여 년 후 페스트가 또다시 덮쳤을 때 빈의 방역 담당 관리들과 의사들은 첫 번째 대유행 때 저질렀던 오류를 되새기면서 적극 대처해 피해 규모를 크게 줄였다. 비를 맞고 선 페스트조일레를 보면서 그들을 생각했다. 인간은 얼마나 무지하며 무력한가. 그러면서도 또 얼마나 지혜로우며 용감한가. 삶은 때로 얼마나 허망하며 또 얼마나 질긴 것인가.

온몸을 적셔 준 '비엔나커피'의 달콤함이 물 밑으로 가라앉는 듯한 우울함을 덜어주었다. '이성은 고상할지 몰라도 사람의 내면을 항구적으로 지배하지는 못해. 매 순간 더 강하게 인간을 끌어당기는 것은 감각인지도 몰라. 어때? 그런 것 같지 않아? '비엔나커피'는 내게 그렇게 말했다. 잠깐, 오해를 피하려면 '비엔나커피'라고 따옴표를 한 이유를 말해야겠다. 빈에는 '비엔나커피'가 없었다. 딱 한군데, 부다페스트행 기차를 기다렸던 중앙역 로비의 비스트로에 '비엔나커피'라고 써 붙여 놓은 것을 보았다. 하지만 그건 '비엔나커피'가 아니었다. 우리나라 '길다방 커피'에 생크림을 올린, 다시는 맛보고 싶지 않은 정체불명 음료였다.

커피는 고대부터 전쟁과 관련이 있었다. 밤낮없이 깨어 있어야하는 군인들한테 커피는 '전투용 마약'이 될 수 있다. 커피는 원산지에티오피아에서 예멘과 아라비아반도의 메카를 거쳐 이스탄불로 갔

'비엔나커피'는 음료보다 음식에 가깝다.

고 빈을 경유해 유럽 전체로 퍼져나갔다. 전해오는 이야기에 따르면, 오스만제국 군대가 두 번째 포위 공격에 실패하고 철수할 때 청동 대포뿐 아니라 용도를 알 수 없는 물건을 여럿 버리고 떠났다. 그런 것 중에 이상한 맛이 나는 콩을 담은 자루가 있었다. 이스탄불의 커피를 아는 귀족이 그 노획물을 불하받아 최초의 커피전문점을 열었고 그것이 크게 성공하자 이웃 나라로 번져나갔다. 이 이야기가 사실인지는 모르겠지만 빈 사람들이 커피 끓이는 법을 몰랐다는 것은 확실해 보인다. 빈의 커피는 이스탄불 커피와 완전히 달랐다. 오스만제국 황실의 레시피가 따라왔다면 그렇게 되지 않았을 테니 정상적인 경로로 커피가 빈에 들어간 것은 아니었던 듯하다.

　　이스탄불 커피는 '마시는 음료'였지만 빈의 커피는 '먹는 음식'에 가까웠다. 우유를 섞고, 생크림을 얹고, 초콜릿을 보태고, 아이스크림을 곁들이고, 심지어는 독한 술을 첨가하기도 하는 '럭셔리 디저트'였다. 커피라고 해도 되나 싶을 정도였다. 빈 사람들은 커피 자체의 맛을 즐기는 방법을 몰라서 다른 맛있는 것들을 곁들인 게 아니었을까, 멋대로 추측해 보았다. 한국에서 말하는 '비엔나커피'와 제일 비슷한 것은 아인슈패너(Einspänner)일 것이다. 날씬한 유리잔에 에스프레소를 담고 살짝 단맛이 나는 휘핑크림을 얹어 계핏가루를 뿌려주는데, 어디서 먹든 대체로 맛이 좋았다. 하지만 내가 사는 동네의 조그만 골목 카페보다 맛있지는 않았다. 그 카페의 젊은 사장님이 빈의 유명한 카페 바리스타보다 더 좋은 원두를 구해서 더 잘 볶는 게 아닌가 싶다. 가장 대중적인 커피는 멜랑쥬(Melange)였다. 휘핑크림을 올린 건 같지만 우유를 조금 섞은 탓에 아인슈패너보다 부드러웠다. 우유를

더 많이 넣고 휘핑크림 없이 먹는 커피를 브라우너(Brauner)라고 하는
데, 카페라테 맛이었다.

'비엔나커피'라고 할 만한 건 따로 있었다. 카페마다 이름이 다
달랐고 휘핑크림 · 아이스크림 · 초콜릿 등 첨가물도 차이가 있었지
만 코냑 · 럼 · 위스키처럼 독한 술이 20ml 들어가는 건 같았다. 어떤
카페에서는 술을 미리 넣어 주었고 다른 카페에서는 작은 병에 따로
내놓았다. 메뉴에 '멜랑쥬'라고 적었든 '카페'라고 적었든 상관없다.
앞에 '카이저' '마리아 테레지아' '엘리자베트' '모차르트' 등 대단한
사람의 이름이나 직위가 들어 있다는 게 중요하다. '카이저 멜랑쥬'
라든가 '카페 모차르트', 그런 식이다. 값은 보통 멜랑쥬나 아인슈패
너의 몇 배나 되었지만 넉넉한 간식이 될 정도로 푸짐하고 맛있었다.
술이 들었으니 당연히 먹고 나면 기운이 불끈 났다. 그라벤의 카페에
서 '카이저 멜랑쥬'를 맛본 이후 빈을 여행하는 동안 틈날 때마다 황
제가 된 기분으로 럭셔리한 '비엔나커피'를 즐겼다.

비엔나 스타일

사람도 도시도 첫 만남이 중요하다. 내가 간직한 빈의 첫인상은
'비현실적 화려함'이었다. 그도 그럴 것이, 우리는 소액의 현금을 들
고 어린 딸과 함께 빈에 간 유학생이었고 시기도 하필 크리스마스 무
렵이었다. 캐른트너 거리는 별세계였다. 가로수에 매달려 반짝이는
형형색색의 전등, 수준 있는 버스커들의 거리 공연, 조명을 켜둔 쇼윈

도에서 광채를 뿜어내는 보석과 장신구, 보는 것만으로도 분에 넘치는 호사를 누리는 느낌이었다. 감히 다가서지 못할 정도로 화려했다.

빈은 변함없이 압도적이었다. 링 안쪽의 왕궁과 교회, 공공기관과 저택들뿐만 아니라 링 바깥쪽 신시가지의 주거단지 건물들도 거대한 직육면체 돌덩이를 심어놓은 것처럼 컸고, 이면도로조차 자동차가 별 어려움 없이 비켜 갈 수 있을 만큼 넓고 반듯했다. 빈에는 구불구불하고 좁은 골목길이 거의 없다. 지도에 가세(Gasse, 골목길)라고 나와 있어도 가보면 상상했던 길이 아니다. 눈 닿는 곳마다 규모가 만만치 않은 박물관과 갤러리가 있었고, 거리를 오가는 시민들의 옷차림은 품격 있고 단정했다. 왠지 모르게 몸가짐을 조심해야 할 것 같았다.

이해하기 어려웠다. 합스부르크제국 왕실이 유럽에서 첫손 꼽는 부자였다지만, 빈에 귀족이 많았다지만, 오스트리아가 국민소득이 높은 나라지만, 빈에 부자만 사는 것도 아닐 텐데 어찌 이리도 모든 것이 호화로울까? 여행하는 동안에는 답을 듣지 못했다. 나중《세기말 빈》(칼 쇼르스케 지음, 김병화 옮김, 글항아리, 2014)을 읽고서야 알았다. 수준 높은 정보를 지나치다 싶을 정도로 축약 서술한 책이라 읽기가 수월하지는 않았지만, 빈을 보고 와서 그런지 건축 분야는 그나마 이해할 만했다. 빈은 대성벽을 해체했을 때 새로 태어났다. 엄청난 건설붐이 일어났고 19세기 후반 유럽 최고 수준의 건축기술과 대량의 공적 자금과 민간 자본이 쏟아져 들어왔다. 그 중심은 링-슈트라세였다. 대성벽은 존재(存在)함으로써 중세도시 빈을 지켰고 '부재(不在)'를 통해 재탄생의 길을 열어주었다. 나는 이런 역설을 품고 있는 그

링-슈트라세, 국회의사당 근처 풍경.

길을 '내 마음의 랜드마크 1번'으로 정했다.

성벽과 길처럼 대조적인 쌍이 달리 또 있을까. 성벽은 안과 밖을 차단하지만, 도로는 모든 것을 뒤섞는다. 대성벽을 제거하고 그 자리에 길을 내자 빈과 외부세계의 관계가 극적으로 바뀌었다. 프란츠 요제프 황제는 강력하고 새로운 무기 때문에 군사적 가치를 상실한 성벽이 도시의 확장과 발전을 가로막고 있다고 판단했다. 외성벽 바깥쪽에 민간 가옥이 제멋대로 들어섰고 대성벽과 외성벽의 사이 공간 역시 마찬가지 상태였다. 합스부르크제국이 전통적으로 유대인을 너 그렇게 품어준 탓에 북쪽의 도나우 운하 좌안에는 거대한 유대인지구가 형성되어 있었다. 성벽 안팎의 인구가 50만 명에 육박했지만, 성벽 때문에 아무것도 할 수가 없었다.

링을 한 바퀴 돌면서 유럽 역사의 한 시대를 주름잡았던 건축양식을 거의 다 만났다. 건축학을 공부하는 학생이라면 빈을 지나칠 수는 없을 것 같았다. 슈테판 성당과 호프부르크의 구왕궁, 쉰브룬과 벨베데레 궁전은 중세의 유산이다. 그 밖의 이름난 건축물들, 예컨대 빈 대학교 본관, 오페라하우스, 호프부르크 신왕궁, 예술사 박물관, 자연사 박물관, 국회의사당, 시청사, 응용예술 박물관, 증권거래소, 제체시온 등은 대부분 대성벽 해체 후 짧은 기간에 지어졌다. 모두 링 주변에 있고 건축양식은 제각각이다. 그래서 빈의 건축양식을 '비엔나 스타일' 또는 '링 양식'이라고 한다. 뭐라 특정할 수 없을 정도로 잡다한 건축양식의 집합이라 다른 이름을 붙이기 어려웠을 것이다.

내 마음에 제일 깊게 들어온 집은 슈테판 광장 가장자리에 있는 하스하우스(Haas-Haus)다. 필립 하스라는 사람이 양탄자 사업으로 번

돈을 투자해 1866년 완공한 그 집은 강철과 유리로 지은 최첨단 건물이었는데 제2차 세계대전 때 폭격을 맞아 부서졌다. 전후에 재건한 두 번째 하스하우스는 1980년대에 지하철공사를 하느라 철거했다. 지금의 하스하우스는 세 번째 집이지만 원래 특징을 살려 강철과 통유리로 지었다. 빈에 머무르는 동안 하스하우스를 여러 번 보았다. 슈테판 성당을 구경하거나 왕실에 납품했다는 실적을 내세우는 카페의 아이스크림을 먹으려고 근처를 지날 때마다 그 앞에서 걸음을 멈추곤 했다. 사진을 찍으려고 아침에도 갔고 낮에도 갔으며 해 질 녘에도 갔다.

하스하우스 1층에는 스페인의 유명한 중저가 브랜드 옷 매장이 영업 중이었고 위층은 레스토랑과 호텔이었다. 도시의 스카이라인 너머로 태양이 기울어가는 시각, 초현대식 건물인 하스하우스의 둥근 통유리에 일렁이며 비치는 슈테판 성당을 보면서 사라져 버린 합스부르크제국을 생각했다. 하스하우스는 이 도시가 광대한 지역의 다양한 민족과 종교와 문화를 가진 인간집단을 하나의 질서로 통합한 제국의 수도였음을 증언하고 있었다. '빈은 문화적 포용성이 대단한 도시야. 슈테판 광장에 이런 집을 짓는 파격을 받아들일 정도로 가슴이 넓었지. 지금의 빈도 그래. 시간을 내서 훈데르트바서하우스를 봐. 내가 왜 이렇게 말하는지 알게 될 거야.'

슈테판 성당 첨탑이 하스하우스 통유리 위에 일렁이고 있다.

빈의 재탄생

빈의 대성벽 자리에 폭 56미터짜리 순환도로를 만든다는 계획이 알려지자 거센 부동산 투자 열풍이 불었다. 나폴레옹 3세와 오스만 남작이 토지를 징발하고 무허가 주택을 대량 철거하는 방식으로 '파리 대개조 사업'을 벌였던 바로 그 시기에 요제프 황제는 파리와 다른 방식으로 빈을 재창조했다. 오늘날의 '토지개발공사' 비슷한 기관을 만들어 링 주변의 공공택지를 민간에 매각했고, 그 돈으로 도시의 기반 시설을 조성하는 한편 왕실 근위대의 훈련장을 비롯한 국유지에 여러 공공건물을 신축한 것이다.

링 주변은 공공건물뿐 아니라 민간주택도 엄청나게 크다. 도대체 갑부가 얼마나 많았기에 저택을 이리도 많이 지었을까 의아했는데 사실은 그런 게 아니었다. 그 집들은 대부분 다세대주택이었다. 링 주변의 택지를 매각할 때 필지를 크게 잘랐기 때문에 주택도 크게 지을 수밖에 없었다. 택지를 매입한 빈의 귀족과 신흥 부자들은 자본주의적 해법을 찾았다. 여러 가구가 살 집을 지어 자기네가 살 공간을 뺀 나머지를 임대한 것이다. 이런 집을 '친스하우스(Zinshaus, 셋집)'라고 한다. 나중 구도심을 재개발할 때도 낡은 주택을 헐고 친스하우스를 지었다. 결국 구도심의 오래된 주택과 좁은 골목이 다 사라져, 빈은 도로를 따라 규모가 큰 공공건물과 다세대주택이 질서정연하게 도열한 도시가 되었다.

시 정부는 링의 바깥쪽을 도심으로 편입하고 왕실 전용 사냥터에 공원을 만들었으며 도나우 좌안에 대규모 산업단지를 조성했다. 도 빈에서 본 가장 좁은 이면도로.

시의 공간이 바뀌자 거주자의 특성과 산업 구조가 달라지고 사회 분위기와 정치 지형도 급변했다. 성벽을 해체한 이후 50년 동안 빈의 인구는 네 배가 넘는 200만 명으로 급증했다. 소수의 왕족과 귀족, 신흥 자본가들과 그들을 위해 일하는 사람들이 살았던 중세도시는 없어졌다. 택지를 개발하고 공공건물과 민간주택을 건설하는 데 추산할 수 없을 정도로 많은 벽돌과 건축자재와 노동력이 들어갔다. 가까운 농촌 지역뿐만 아니라 헝가리 · 보헤미아 · 발칸반도에서 노동자들이 몰려와 물가와 주거비가 저렴한 외곽의 공장 지대에 집결했다. 귀족과 신흥 중산층은 빈 북서 지역의 고급 주택단지에 모였다. 식품 수요가 폭발하자 인근 농촌에는 자본주의적 영농 기업이 우후죽순 생겨났다. 오로지 소비만 하던 제국의 수도는 다양한 산업과 대규모 노동자 집단을 껴안은 현대적인 도시로 변모했다.

빈에서는 원하든 원치 않든 프란츠 요제프(Franz Joseph, 1830 – 1916) 황제를 만나게 된다. 대성벽을 철거한 그는 빈의 '넘버3 셀럽'이다. 왕궁 · 박물관 · 미술관 · 카페 · 기념품점 등 어디나 초상화와 사진이 걸려 있다. 벗어진 머리에 허연 카이저 콧수염을 달고 훈장이 주렁주렁 붙은 제복을 입은 남자가 바로 그 사람이다. 요제프 황제는 열여덟 살이었던 1848년, 유럽 전역을 휩쓴 혁명과 사회적 혼돈의 소용돌이 한가운데서 큰아버지 페르디난트 1세한테 왕위를 넘겨받았다. 규칙적으로 생활하고 열심히 일하면서 68년이나 재위했던 그는 만만치 않은 정치적 수완을 과시했다. 처음에는 시민의 자유를 폭넓게 보장하는 헌법을 제정해 민심을 수습했지만 혁명의 폭풍우가 잦아들자 그 헌법을 파기하고 전제군주제로 복귀했다. 독일 남부와 오스트

리아 · 헝가리 · 체코 · 슬로바키아 · 슬로베니아 · 크로아티아 등 광대
한 영토를 다스렸던 황제는 1914년 사라예보에서 벌어진 황태자 부
부 암살사건의 책임을 물어 세르비아를 침공함으로써 제1차 세계대
전의 방아쇠를 당겼다. 유럽이 전쟁의 화염에 불타고 있었던 1916년
세상을 떠났으니 합스부르크제국의 사실상 마지막 황제였다고 할 수
있다.

1918년 겨울에 일어난 자유주의혁명으로 합스부르크제국은 영
원히 사라졌다. 독일어를 쓰는 주민이 다수인 지역에는 오스트리아
공화국이 들어섰고 제국의 나머지 영토에는 여러 국민국가가 생겨났
다. 혁명의 진원지는 19세기 후반 생긴 빈 외곽의 노동자 밀집 구역
이었다. 1920년대 이후에는 시정부가 주택난을 해결하려고 조성한
대규모 아파트단지가 정치적 변화의 중심으로 등장했다. 그 지역은
노동자의 권리와 시민의 자유, 복지 확대를 주도한 사회민주당의 강
력한 기반이었고 1934년 2월 사회당이 주도했던 반독재 무장봉기의
발화점이 되었다. 제2차 세계대전을 치르는 동안 빈은 주택 27만 채
가 무너지고 공공건물과 공장의 1/4이 부서지는 피해를 입었다.

요제프 황제를 오늘의 빈을 창조한 주역이라고 할 수도 없다. 그
러나 그가 통치했던 19세기 후반에 빈은 예술 · 건축 · 문학 · 의학 등
거의 모든 분야에서 유럽 최고 수준의 도시가 되었다. 우리가 지금
보는 빈은 어쨌든 그가 성벽을 철거한 덕분에 태어났다. 그는 새로운
문화를 북돋운 계몽 군주도 아니었지만 시대의 흐름을 거역한 반동
적 전제군주도 아니었다. 그래서인지 백 년 세월이 흘렀는데도 빈 시
민들은 황제를 잊지 않았다. 빈 사람들이 사랑하는 엘리자베트 황후

예술사 박물관의 프란츠 요제프 황제 흉상.

의 남편이었기 때문인지도 모른다.

비교체험 극과 극, 예술사 박물관과 제체시온

링을 한 바퀴 돌면서 나타나는 순서대로 건축물과 박물관을 보았
다. 어느 곳부터 이야기하는 게 좋을지 고민했는데, 결론은 예술사 박
물관과 제체시온이었다. 이 두 곳을 보면 '세기말의 빈'을 알 수 있다.
19세기 후반 음악 · 미술 · 조각 · 디자인 · 건축 등 여러 분야의 걸출
한 예술가들이 빈에서 활동했다. 그들의 작품을 보면 제정과 공화정,
낡은 신분제도와 공화주의적 이상이 충돌하면서 공존했던 빈의 상황
을 그릴 수 있다.

'미술사 박물관'으로 번역하기도 하는 예술사 박물관(Kunsthistorisches
Museum)은 1891년 문을 열었다. 왕가의 수집품을 전시하려고 20년 동
안 공들여 지은 이 집은 마리아 테레지아 광장을 가운데 두고 자연사
박물관을 마주 보고 있다. 둘은 건축주인 왕실의 취향을 충실하게 반
영한 바로크 스타일의 쌍둥이 건물이다. 제1차 세계대전 패전과 혁
명, 제정 철폐와 공화정 수립, 독일 합병과 제2차 세계대전 패전 등
정치적 격변이 벌어질 때마다 심한 우여곡절을 겪은 끝에 국립시설
이 된 예술사 박물관은 호프부르크 구왕궁의 보물 전시실과 노이에
부르크 신왕궁의 에페소스 박물관 등과 묶어 운영한다. 그림 · 이집트
유물 · 골동품 · 공예품 · 조각 · 동전 등 예술사 박물관 본관의 전시
공간이 워낙 크고 전시품도 많아 다른 부속 전시장은 갈 의욕이 생기

지 않았다.

　예술사 박물관 전시품의 절반 정도는 동전만 한 노랑 스티커를
붙이고 있었다. 합스부르크 왕가의 수집품 표식이다. 그 스티커가 붙
은 그림과 조각상의 모델은 예수와 마리아를 비롯한 기독교 성서의
인물과 왕·왕비·귀족·귀족 부인·부자들이었다. 크게 유명하지
않은 예술가 또는 작자 미상인 작품도 많았지만, 작품의 스타일과 분
위기는 다 거기서 거기였다. 예술사 박물관 투어는 사막여행과 비슷
했다. 사막을 여행한 적은 없지만 같은 풍경을 끝없이 보면 그런 감
정을 느낄 듯해서 하는 말이다. 왕실의 수집품은 20세기 초반까지 빈
을 지배했던 권력자와 부자들의 세계관·인간관·심미안·문화적 취
향을 보여준다. 솔직하게 말하면, 진부하고 지루했다.

　사막에 오아시스가 있는 것처럼 예술사 박물관에도 심신의 피로
를 풀어주는 작품이 더러 있었다. 나의 개인적 취향임을 전제로, 몇몇
기억에 남는 작품을 소개한다. 비슷비슷한 그림이 가득했던 1층 회화
전시실에서 요하네스 백(Johannes Baeck)의 〈탕아(Der verlorene Sohn)〉(일련
번호 7024)라는 작품이 눈길을 끌어당겼다. 요하네스 백은 17세기 중
반 활동한 네덜란드 출신 화가라는 것 말고는 신상정보가 별로 없었
고 알려진 작품도 몇 되지 않았다. 술잔을 높이 든 남자, 가슴을 드러
낸 채 몽롱한 눈으로 아래를 내려다보는 여자, 어두운 조명. 그 그림
에서 술 냄새가 났다. 화가 백이 성서를 빙자해 에로티시즘에 대한
열망을 표출한 게 아니었을까 의심했다. 유럽의 미술관에서 스스로
미인계의 도구가 되어 침략군 사령관 홀로페루네스의 목을 벤 구약
의 유디트를 에로틱하게 그린 작품은 숱하게 보았다. 신약의 〈돌아온

집에 돌아오기 전의 집 나간 탕아.

탕아〉 그림도 흔했다. 하지만 돌아오기 전의 탕아를 이런 분위기로 묘사한 작품은 처음 보았다.

무도회와 만찬 행사 등 합스부르크제국 황제와 귀족의 일상을 묘사한 그림들은 박물관에 있어야 마땅한 작품이었다. 반면 작가의 개성을 강렬하게 드러낸 그림과 평범한 생활인을 묘사한 작품들은 그곳이 박물관이라기보다는 미술관인 듯 느끼게 해주었는데, 특히 구스타프 클림트와 에곤 실레, 막스 쿠르츠바일 등 거장들의 그림이 전시장을 압도했다. 키 큰 여인이 두 팔을 앞으로 모은 채 아래를 내려다보는 듯한 착각을 불러일으키는 클림트의 〈해바라기〉는 〈키스〉와 〈물뱀〉을 비롯한 다른 작품을 떠올리게 했다.

조각 전시실에서도 마음을 빼앗는 작품을 만났다. 원래 일부만 채색했는지 일부만 색깔이 남았는지 모를 대리석 흉상이었다. 작품명은 〈여자 흉상〉(weibliche Büste)', 제작 시기는 15세기 말, 작가는 프란체스코 라우라나(Francesco Laurana, 1430-1502)였다. 모델이 누구인지는 모르겠지만 기독교 성자나 공주가 아니라는 건 확실해 보였다. 빼어난 미인도 아니었다. 헤어스타일도 자연스러웠다. 지금 활동하는 예술가의 최신 작품이라고 해도 믿을 것 같았다. 신화와 성서의 주인공을 상상력으로 그려내거나 왕과 귀족의 모습을 재현했던 당대의 다른 작품과는 확연히 달랐다. 작가를 검색하니 이런 정보가 떴다. "라우라나는 달마티아 지방에서 태어난 크로아티아 혈통의 이탈리아 예술가로 르네상스 시대 초기에 그림·조각·금속공예·건축 등 다양한 작품 활동을 했다. 나폴리·프로방스·팔레르모 등 여러 지역에 거주하다가 만년은 남프랑스 마르세유 근처에 살았는데 여자 흉상으

프란체스코 라우라나의 여자 흉상, 사막에서 만난 오아시스 같았다.

로 특히 명성이 높았다." 내가 본 것은 라우라나의 수많은 흉상 가운데 하나였다. 돈이 많다면 하나 사서 내 작업실 탁자에 올려두고 싶었다. 이런 감정을 느끼게 하는 작품이 훌륭한 예술품 아니겠는가.

제체시온(Secession, 분리파 회관)은 예술사 박물관에서 멀지 않았다. 오페라하우스에서 링 바깥쪽으로 조금 나간 곳에 있는 이 전시장에서 '세기말 빈'의 예술가들이 왕립예술가협회를 뛰쳐나와 따로 단체를 만든 이유를 넉넉히 짐작할 수 있었다. 구스타프 클림트, 콜로만 모저, 막스 쿠르츠바일 등 여러 분야의 예술가들은 1897년 4월 왕립예술가협회와 결별하고 〈페르 사크룸〉(Ver Sacrum, 거룩한 봄)이라는 잡지를 창간했다. 그들은 시정부가 제공한 땅에 상설전시장 제체시온을 짓고 해마다 전시회를 열었다.

제체시온은 공 모양의 황금색 월계수 장식을 지붕에 올려놓아서 '황금양배추'라는 별명이 생겼다. 전시장 입구 위에는 "시대에는 그 시대의 예술을, 예술에는 예술의 자유를(Der Zeit ihre Kunst, der Kunst ihre Freiheit)"라는 구호를, 전면 외벽에는 "Ver Sacrum"이라는 잡지 이름을 붙여 두었다. 제체시온의 '슈퍼스타'는 초대 이사장이었던 클림트가 1902년의 제14회 정기 전시회 때 그린 벽화 〈베토벤프리스〉(Beethovenfries)'다. 관광객들은 대부분 이 작품을 보려고 제체시온을 찾는다. 20여 명의 걸출한 분리파 예술가들이 그림·부조·모자이크·가구·조각 작품을 선보였던 그 전시회는 6만 명의 관람객을 불러 모았다. 당시에는 감히 상상하지 못한 대성공이었다.

〈베토벤프리스〉는 'ㄷ'자로 연결된 벽면에 그린 길이 34미터 높이 2미터의 벽화인데, 클림트는 베토벤이 청력을 완전히 상실한 1824

제체시온, 봉건적 규제와 규범을 거부하고
창작의 자유를 추구한 예술가들의 집.

년 완성한 9번 교향곡을 모티브로 삼아 이 작품을 창작했다. 제체시온에 일단 들어갔다면 못 보고 지나치는 게 불가능한 위치에 있기 때문에 찾으려고 두리번거릴 필요가 없었다. 굳이 전문적 해설을 듣지 않아도 보면 저절로 느낌이 온다. 〈베토벤프리스〉 말고도 제체시온에는 볼만한 작품이 많았다. 분리파 태동 당시의 잡지와 디자인 작품 등 전시장 모퉁이 자투리 공간에 숨어 있는 보물도 숱했다. 기획전시를 하는 현대예술 전시장에서는 비디오 오디오 설치예술 작품을 선보이고 있었다.

　예술사 박물관이 더러 오아시스를 만날 수 있는 광활한 사막이었다면 제체시온은 풀과 나무가 제 성정대로 자란 오솔길 같았다. 예술사 박물관에는 견줄 수 없을 정도로 작은 공간이었지만, 어느 작품도 다른 것과 같지 않아서 그런지 내가 느낀 감정은 훨씬 더 풍성했다. 예술사 박물관에서 수백 년 동안 빈을 지배했던 낡은 문화를 보았고, 제체시온에서는 19세기 후반 등장한 새로운 예술과 사상을 만났다.

　왕가의 수집품은 대부분 작품을 발주한 사람의 요구와 취향에 맞추어 제작하거나 매입한 예술품이다. 반면 제체시온의 전시품은 예술가들이 자신의 내적 지향과 감정을 표현해 세상에 내놓은 것이었다. 군주정과 공화정, 중세의 귀족과 신흥 시민계급, 정치적 종교적 인습과 자유로운 예술정신, 세기말 빈에서는 이런 것들이 뒤섞이면서 충돌했다. 만약 빈에서 단 하나의 미술관에만 갈 시간이 주어진다면 나는 망설이지 않고 제체시온을 선택할 것이다. 그곳에서 만난 작품들은 크든 작든 창조자인 예술가의 상상력과 철학과 개성을 보여주었고 내 마음에 저마다 다른 감정을 일으켰다. 종교와 이념과 인습

구스타프 클림트의 〈베토벤프리스〉, 제체시온의 슈퍼스타.

의 굴레를 벗어던지고 자신의 내면에서 솟아난 생각과 감정을 표현하는 행위, 그게 바로 예술 아니겠는가.

응용예술 박물관(MAK)

제체시온만으로는 세기말 빈을 상상하기에 충분하지 않아서 응용예술 박물관(MAK, Museum für Angewandte Kunst) 관람에 시간을 넉넉히 썼다. 링의 동쪽 끝 정부청사 건물을 지나 운하에 이르기 직전 지점

에 있는 MAK는 '산업디자인 박물관'이라고 해도 좋을 듯했다. 외관
이 바로크 스타일이라 건축주가 황제였으리라 짐작했는데 정말 그랬
다. 요제프 황제는 막 문을 연 런던의 공예 박물관(지금은 빅토리아&알
버트 박물관)이 부러워 빈에도 그런 박물관을 만들라고 명을 내렸다.
1864년 호프부르크의 무도회장 바로 옆 공간에 마련했던 MAK는 몇
해 뒤 황실근위대 연병장 자리에 지은 지금의 건물로 이전 개장했고
1973년 세계박람회를 맞아 박물관다운 모습을 갖추었다. 처음에는
전시장, 작업장, 기술 인력을 양성하는 학교를 겸했지만 다른 기능은
차례로 독립해 나갔고 전시장만 남았다.

'없는 것 빼고는 다 있는' 전시장이었다. 사람이 사는 데 필요한 모든 것을 볼 수 있었다. 실내건축과 벽장식부터 부엌가구·취사도구·양탄자·식기·도자기·의자·책상·옷·책·보석·장신구·통신장비와 운송기계까지, 정말이지 없는 게 없었다. 1층 바로크/로코코 전시실의 화려한 가구와 가재도구들은 대부분 왕실 소유물이었다. 여기서 1층은 유럽 현지에서는 0층 또는 지층이다. 우리나라와 달리 유럽에서는 지층이 0층이다. 건축에만 바로크/로코코 양식이 있는 줄 알았는데 그게 아니었다. 그런 집에 살던 왕족과 귀족들은 가구와 살림살이 물건도 최고급 재료를 가져다 명성 높은 장인에게 맡겨 비싸고 화려하게 보이게끔 만들었다. 집이든 가구든 바로크/로코코 양식은 다 같은 스타일이다.

제일 마음에 드는 공간은 1890년부터 1938년까지 빈의 산업디자인을 보여주는 2층의 '빈1900' 상설전시관이었다. 벨기에 브뤼셀의 어떤 부자가 저택 식당에 설치할 목적으로 주문했다가 너무 '야해서' 인수를 거절했다는 클림트의 프리즈, 정부의 군인모집 전단, 정당의 홍보포스터, 반유대주의를 선동하는 우익단체의 벽보, 문화예술 행사 포스터, 상품광고, 그림책, 패션전문지 표지, 각종 일러스트레이션 등 당시의 정치적 사회적 문화적 상황을 짐작할 수 있게 하는 전시물이 즐비했다.

19세기 전반 오스트리아 평민들의 살림살이를 재현한 같은 층의 '비더마이어 시대(Biedermeier‐zeit)' 전시관은 독일어 사용권 밖의 사람들에게는 다소 난해하지만 나름의 재미가 있었다. '비더마이어'는 실존 인물이 아니라 문학 작품에 나오는 가상의 인물이고 '비더마이어

MAK의 바로크/로코코 전시관 풍경.

시대'는 독일어권에서만 통하는 개념이다. 나폴레옹이 완전히 몰락한 1815년부터 혁명의 파도가 대륙을 다시 휩쓴 1848년까지 '비더마이어 시대'의 성격은 '군주정의 부활'로 요약할 수 있는데, 그 중심이 합스부르크제국의 수도 빈이었다. 나폴레옹의 패퇴와 함께 민주주의혁명이 막을 내리고 전제군주정이 부활하자 독일과 오스트리아 민중은 극심한 정치적 좌절감에 빠졌다. 혁명의 기대에 부풀었던 신흥 중산계급은 정치에 대한 관심을 끊고 소박한 일상의 즐거움을 찾는 데 몰두함으로써 '시대의 우울'을 잊으려 했다. 20세기 문화연구자들은 그런 시기를 '비더마이어 시대'라고 했다.

'비더(bieder)'는 우직하다는 뜻인데 조롱하는 느낌이 살짝 얹혀 있다. 비더마이어라는 인물은 여러 독일 작가들의 다양한 문학 작품을 통해 만들어졌다. 직업은 시골 학교 교사이고 성격은 우직한데 생활태도는 성실 근면하고 정치에는 관심이 없다. 가족의 행복을 최고의 가치로 여기는 그는 소박한 가구를 갖춘 작은 집에 살면서 텃밭을 가꾼다. 일상의 작은 일에 정성을 기울이며 조용하게 사는, 요즘 말로 하자면 '소확행(작지만 확실한 행복)'을 추구하는 소시민(小市民)이다.

도저히 넘어설 수 없는 현실의 장벽에 봉착하면 선택지가 둘 있다. 그 사회를 탈출하거나 시선을 내면으로 돌리는 것이다. 나폴레옹의 몰락은 군주정의 부활로 이어졌고 유럽 사회는 진보의 희망이 사라진 시기를 맞았다. 봉건적 신분제도와 낡은 특권이 강력한 힘을 지니고 있었던 독일과 오스트리아의 민중은 현실을 외면하고 사소하지만 확실한 일상사의 즐거움을 맛보면서 그 시대를 견뎠다. 비더마이

어 시대 전시실의 실내장식·가구·공예품·그림을 보면서 그것을
만든 이들의 마음을 헤아려 보았다. 영원한 것은 없고 모든 것은 지
나간다. 반동(反動)의 시간도 예외가 아니다. 좌절감이 옅어지고, 불
합리한 현실에 대한 분노가 쌓이고, 대중의 이성이 눈 뜨고, 보통 사
람들의 마음에 용기가 번지면, 어느 날 갑자기 역사의 물결이 밀려와
진보의 모든 배를 한꺼번에 띄워 올린다. 그런 때가 오기까지 작고
확실한 즐거움에 몸을 맡기고 삶을 이어가는 것이 무슨 잘못이겠는
가. 비더마이어 시대 전시실은 이렇게 말하는 듯했다. '퇴행과 압제의
어둠 속에도 빛이 완전히 꺼지는 법은 없다. 그렇게 믿으며 삶을 이
어가면 새로운 시대를 볼 수 있다.' 내가 거기서 본 것은 좌절과 도피
가 아니었다. 질긴 희망과 포기하지 않는 기다림이었다.

　　응용예술 박물관은 꼼꼼하게 보려면 하루를 통째로 써도 부족할
만큼 크고 전시품이 많았다. 건축가 호프만(Josef Hoffmann)의 가구 설계
도와 스케치를 보여주는 전시실은 미술관을 방불케 했다. 취사도구
와 식기·컵·의자·안경 등을 포함한 생필품, 통신장비와 운송기계
를 비롯한 산업설비, 글자꼴과 책, 의상·보석·장신구 등 기호품 디
자인이 어떤 아이디어를 통해 어떻게 변화해 왔는지 보여주는 2층의
디자인 공방(Design Labor)은 설렁설렁 보았는데도 시간이 무척 걸렸다.
내가 디자인 분야 종사자라면 응용예술 박물관 하나를 보기 위해서
라도 빈에 올 것 같았다.

모차르트와 시씨

　빈에서는 수많은 역사 인물과 예술가를 만날 수 있지만 시민들이 가장 사랑하는 이는 모차르트(Wolfgang Amadeus Mozart)와 '시씨(Sissi)'가 아닐까 싶다. 거리와 박물관·기념품점·과자가게·카페 등 도시의 모든 공간에서 그들을 볼 수 있었다. 내 느낌에 모차르트는 가장 높이 자랑하는 예술가, 시씨는 가장 깊게 사랑하는 여인이었다. 누가 우세한지는 가릴 수 없다.

　아내가 빈에서 뭐든 공연 하나는 봐야 한다며 비행기 표를 예약할 때 오페레타(operetta) 공연을 알아보았는데 아쉽게도 여름 휴가철 두 달은 공연이 아예 없었다. 가수와 연주자들이 모두 휴가를 가고 없기 때문이다. 나는 서양 클래식 음악에 별 흥미가 없는 터라 속으로 콧노래를 불렀는데, 아내는 빈 관광청 홈페이지를 뒤져 음악협회 회관에서 하는 '모차르트 오케스트라'의 공연을 예약했다. 가서 알게 되었지만 굳이 예약할 필요는 없었다. 거리 곳곳에서 모차르트 가발을 쓰고 모차르트 옷을 입은 젊은이들이 공연을 홍보하며 표를 팔고 있었으니까.

　2천 석 규모 공연장은 빈자리가 별로 없었는데, 관객의 태반은 머리카락이 검었다. 한국·중국·일본·대만 등에서 온 아시아 관광객들이었다. '모차르트 오케스트라'는 하필 여름 휴가철에 빈을 찾은 여행자들에게 빈 음악의 맛을 보여주려고 운영하는 '프로젝트 팀'인 듯했다. 남녀 가수 한 사람씩과 지휘자·연주자를 합쳐 출연자는 모두 스물여섯 명이었는데, 제1바이올린 하나를 빼고 연주자는 모두 음악협회 회관의 모차르트 오케스트라 공연.

남자였다. 모차르트의 협주곡과 교향곡, 성악곡, 오페라 아리아를 짧게 번갈아 들려준 공연은 기대했던 것보다 훨씬 좋았다. 그들은 청중을 사로잡는 방법을 잘 알고 있었다. 지휘자의 몸짓은 활기찼고 연주는 경쾌했으며 가수들도 흥겹게 춤추며 노래했다. 휴가철 프로젝트 오케스트라의 공연이 이럴진대 제대로 갖춘 공연은 어떨까 궁금해졌다. 로마에서 베르디의 오페라 〈가면무도회〉를 볼 때는 도착한 바로 다음 날이라서 시차 적응이 되지 않아 졸다 깨기를 반복했지만, 빈에서는 체류 마지막 밤이어서인지 아무 문제가 없었다.

잘츠부르크에서 태어난 모차르트는 1791년 세상을 떠나기 전 마지막 10년 동안 빈에 머물면서 결혼을 했고 여러 대작을 만들었으며 사치스런 생활로 인한 재정난을 겪은 끝에 실체가 분명하게 확인되지 않은 질병과 적절하지 않았음이 확실한 치료를 받다가 목숨을 잃었다. 빈과 인연을 맺은 위대한 음악인이 모차르트뿐이었던 건 아니다. 베토벤도 모차르트만큼 긴 시간 빈에 살면서 엄청난 작품을 썼다. 하이든·슈베르트·브람스·쇤베르크·구스타프 말러도 빈에서 활동했다. 그런데 박물관이 아니라 빈 도심 아무 곳에서나 마주치게 되는 작곡가는 모차르트뿐이었다. 빈과 모차르트 사이에는 특별한 것이 있는 듯한데, 그게 무엇인지 나는 알아내지 못했다.

빈 시민들이 모차르트를 자랑삼는다는 건 진작부터 알았지만 시씨를 그토록 사랑한다는 사실은 가서야 알았다. 물론 빈 시민들만 시씨를 사랑하는 건 아니다. 오스트리아 국민, 심지어 이웃 헝가리 사람들과 발칸 지역 사람들도 시씨를 사랑한다. '시씨'는 프란츠 요제프 황제의 부인 엘리자베트 아말리에 오이게니(Elisabeth Amalie Eugenie,

1837-1898) 또는 엘리자베트 폰 비텔스바흐(Elisabeth von Wittelsbach)의 애
칭이다.

　시씨는 합스부르크제국 시대 빈의 대표 인물이다. 시씨를 '공식
적으로' 만날 수 있는 곳은 황제의 가족이 머물렀던 호프부르크 왕궁
이다. 13세기에 신축해 수백 년 동안 꾸준히 증·개축한 호프부르크
구왕궁은 황제와 가족의 거처였는데 지금은 대통령 집무실과 국제회
의장으로 쓴다. 보물 전시실과 시씨 박물관(Sisi-Museum)이 있으며 예
술사 박물관과 연결되어 있다. 15세기에 고딕 양식으로 재건축한 황
실 예배당(Burgkapelle)은 일요일 아침 미사 때 빈 소년합창단이 노래하
는 곳으로 널리 알려졌다. 삼십 년 넘는 시간을 들여 1913년 완공한
신왕궁은 중요한 국가 행사를 여는 공간인데 아프리카와 남미의 문
화재를 전시한 민속학 박물관, 무기 박물관, 에페소스 박물관 등 옛
제국에 대한 향수를 일으키는 시설이 들어와 있다.

　호프부르크의 슈퍼스타는 시씨 박물관이다. 연대기와 초상화, 사
진, 애장품, 자필 메모, 여행 가방과 휴대품을 통해 시씨가 느꼈던 인
생의 희로애락을 들여다볼 수 있다. 인간 엘리자베트에게 호프부르
크는 벗어나고 싶은 '타인의 둥지'였다. 시씨는 어린 나이에 선택했던
황후의 지위를 버거워했고, 자신에게 맞는 삶을 찾으려고 그 둥지를
떠났다. "신분과 돈과 권력이 삶의 행복과 존재의 의미를 보장해 주
는 건 아니다." 박물관의 시씨는 그렇게 말하는 듯했다. 시씨 박물관
은 사진 촬영을 허락하지 않았다. 기념품점과 과자가게의 등신대 사
진은 '뽀샵질'을 심하게 한 것이었다. 황후의 외모가 궁금한 독자는
검색해 보시기 바란다. 사진과 정보가 아주 많다.

바이에른 공작의 딸이었던 시씨는 수영·승마·체조를 즐기며
자유로운 분위기에서 자랐는데, 요제프 황제의 어머니이자 자신의
이모인 조피 대공비의 책략에 휘말려 뜻하지 않게 황후가 되었다. 조
피 대공비가 시씨의 언니 헬레네를 며느리로 들이려는 계획을 세우
고 아들과 맞선을 보게 했는데, 젊은 황제는 들러리로 따라온 시씨한
테 첫눈에 마음을 빼앗겼다. 시씨는 그 잘생긴 청년이 황제가 아니라
면 더 좋겠다고 생각하면서 청혼을 받아들였고 1854년 열여섯 살에
혼인했다. 19세기 유럽 왕가에서 사촌들끼리 혼인하는 것은 그리 드
문 일이 아니었다.

시씨는 당대 유럽의 대표적 '권력형 셀럽'이었다. 20세기의 '권력
형 셀럽'으로 손꼽는 재클린 케네디, 모나코 왕비 그레이스 켈리, 영
국 다이애나 왕세자비의 원조 격이라고 보면 된다. 빈 어느 곳에서나
볼 수 있는 사진과 초상화는 시씨의 외적 매력을 강조해 보여준다.
비현실적으로 잘록한 허리, 풍성한 머리카락, 홍조를 머금은 뺨, 조화
를 이룬 이목구비, 누구나 좋아할 만한 외모였다. 하지만 거저 얻은
아름다움은 아니었다. 시씨는 운동과 다이어트에 병적으로 집착했고
피부와 머리카락을 관리하는 데 엄청난 공을 들였다. 황후의 일거수
일투족은 대중적 관심의 표적이 되었고, 빈을 방문하는 외국의 권력
자들은 미모에 대한 소문의 진위를 확인하고 싶은 욕망에 황후 알현
일정을 빠뜨리지 않았다. 1973년 빈 세계박람회 때는 아랍에서 온 어
떤 왕세자가 면담 일정을 잡아주지 않는다고 난동을 부린 일까지 있
었다.

그러나 호프부르크의 삶은 행복하지 않았다. 이모인 시어머니는

교양이 없다고 며느리를 비난하면서 두 딸과 루돌프 황태자를 빼앗아 갔다. 남편은 당대 빈의 인기 여배우를 애인으로 두었다. 황실의 숨 막히는 분위기와 따분한 의전에 넌더리가 난 시씨는 남편과 여배우의 연인관계를 용인해주고 빈을 떠났다. 제국의 여러 지역을 여행하다가 꼭 참석해야 할 행사가 열리거나 아이들이 보고 싶을 때만 빈에 돌아오곤 했다. 나중에는 호프부르크보다 부다페스트 교외의 여름별장에서 더 많은 시간을 보내면서 헝가리 말을 익혔고 헝가리 옷을 입었으며 헝가리 시녀의 보살핌을 받고 헝가리 요리사가 만든 음식을 먹었다.

시씨의 유별난 '헝가리 사랑'은 언드라시(Andrássy Gyula) 백작과 관련이 있었는지도 모른다. 합스부르크제국은 헝가리 무장독립투쟁의 지도자 언드라시를 '국가의 적'으로 간주했다. 붙잡지 못한 반란의 수괴가 얼마나 미웠는지 궐석재판에서 사형을 선고하고 인형을 교수대에 매달기까지 했다. 그랬던 언드라시가 긴 망명 생활을 끝내고 돌아와 갑자기 황제에게 충성을 서약하면서 헝가리의 자치를 허용해 달라고 제안했을 때 시씨는 호감을 품었던 듯하다. 요제프 황제와 언드라시 백작은 1867년 헝가리왕국에 국방·재무·외교를 제외한 자치권을 부여하고 오스트리아-헝가리 이중제국을 출범시켰다. 황제는 오스트리아와 헝가리왕을 겸했고 언드라시에게 헝가리 총리와 제국 외교장관 자리를 주었다. 제국의 변방이었던 헝가리는 국가의 지위를 얻었다.

그 놀라운 정치적 반전의 배후에 시씨가 있었다는 소문이 떠돌았다. 황제와 언드라시 둘 모두를 끈질기게 설득해 합의에 이르게 했다는 것이다. 시씨와 언드라시가 '플라토닉'한 연인관계였는지 그 이상이었는지는 확인할 수 없지만 친밀했다는 건 분명하다. 언드라시 백작이 헝가리 총리직과 제국의 외무장관직을 수행하느라 바빠지면서 둘 사이는 점차 멀어졌지만 시씨의 헝가리 사랑은 한결같았다. 헝가리 의회에서 헝가리 말로 유창한 연설을 해 헝가리 민중의 마음을 사로잡는가 하면, 프로이센과 전쟁할 때는 황실의 보물과 예술품과 아이들을 모두 부다페스트로 옮기게 했다. 1868년 뒤늦게 얻은 막내딸의 생물학적 아버지가 언드라시라는 소문이 아무 근거도 없이 나돈 건 아니었다. 언드라시 백작에 관해서는 부다페스트 편에서 자세히 이야기하겠다.

시씨의 생애는 상실의 고동과 외로움으로 얼룩졌고 참혹한 비극으로 끝났다. 1889년 외동아들이자 황태자였던 루돌프가 자살했다. 교회를 싫어하고 계급제도를 경멸하는 등 제국의 황태자에게는 어울리지 않는 자유주의 성향을 보였고 정서적으로 매우 불안정했던 루돌프는 사냥터의 별장에서 나이 어린 애인과 함께 권총으로 목숨을 끊음으로써 시씨에게 치유할 수 없는 상처를 남겼다. 얼마 지나지 않아 언드라시 백작도 세상을 떠났다. 시씨는 공식 활동에서 완전히 물러나 오스트리아 · 헝가리 · 독일 · 스위스 · 이탈리아 · 발칸반도 등 유럽 각지를 여행하다가 스위스 제네바의 호수에서 이탈리아 출신 아나키스트가 휘두른 칼에 찔려 목숨을 잃었다.

사람들은 비운의 주인공에게 끌리는 경향이 있다지만, 빈 사람들이 시씨를 사랑하는 것이 그 때문만은 아닐 것이다. 운명에 의해 '권력형 셀럽'이 되었지만 시씨는 '자기다운 삶'을 추구했다. 그녀는 남편이 황제여서가 아니라 사랑해서 혼인했다. 황후의 권력과 화려한 궁정 생활에서 의미와 행복을 느끼지 못했다. 남편이 다른 여인을 사랑하는 것을 받아들이고 빈을 떠나 여행자의 삶을 영위했다. 아름다운 몸과 맑은 정신을 유지하려고 처절한 노력을 쏟았고 신분의 차이를 넘어 다른 사람들과 소통하려 했다. 운명을 거부하거나 극복하지는 않았으나 운명에 갇히지도 않았다. 운명을 받아들이면서도 자신이 의미를 느끼는 인생을 살아나가려고 번민하고 도전했다. 그리고 그런 끝에 누구도 상상하지 못한 비극적 죽음을 맞았다. 역사의 위인은 아니었으나 사랑할 만한 미덕을 지닌 황후였음에는 분명하다. 그러니 시씨의 사진과 초상화를 마케팅 수단으로 쓰는 빈의 상인들을 욕하지 마시라. 그들은 시씨를 정말 사랑해서 그러는 것이다.

쇤브룬과 벨베데레

쇤브룬 궁전(Schloss Schönbrunn)과 벨베데레 궁전은 호프부르크의 '별책부록'이라 할 수 있겠다. 이 셋을 묶어 보면 합스부르크제국 지배층의 존재 양식과 문화적 취향을 알 수 있다. 쇤브룬은 전철(U4)로 손쉽게 갈 수 있지만 내부에 들어가려면 프랑스 베르사유 궁전이나 로마의 바티칸 박물관 못지않게 긴 줄을 서야 한다. 금요일을 포함한 주말에는 입장하는 데만 두 시간이 걸릴 수 있다. 매표소 직원은 10시 전에 도착하면 바로 들어갈 수 있다고 귀띔해 주었다.

로코코 양식 여름 별궁인 쇤브룬은 50만 평 대지에 방이 1,400개 넘는 거대한 집이다. 호프부르크보다 더 많은 관광객이 찾는 이 궁전은 왕가의 취향과 문화적 안목을 보여준다. 16세기 후반 동물원을 만든 데 이어 식물원을 조성했으며 인근 숲에서는 왕실 남자들이 사냥을 즐겼다. 성벽 바깥에 있었던 탓에 오스만제국 군대에 짓밟혀 쑥대밭이 되기도 했지만 18세기 중반 제국을 통치했던 '여제' 마리아 테레지아가 새로 꾸몄다. 일부 건물을 증축한 19세기 후반에 지금의 쇤브룬이 되었다.

쇤브룬은 여러 면에서 베르사유 궁전을 닮았기 때문에 베르사유 궁전을 본 사람이라면 특별한 호감을 느끼지 못할 것이다. 제국이 해체되고 오스트리아공화국이 출범한 후 박물관으로 바뀌었다는 것, 제2차 세계대전 막바지에는 영국군 사령부가 수눈하면서 국제회의 장으로 썼다는 것, 1961년 미국 케네디 대통령과 소련 흐루쇼프 서기장이 정상회담을 했다는 것까지 여러모로 베르사유와 닮았다. 파리를 지배한 권력자들은 베르사유 궁전에서, 빈을 차지한 권력자들은 쇤브룬에서 자신의 권력을 확인했다.

궁전의 구조와 건축양식뿐만 아니라 내부 공간의 배치와 전시품도 베르사유와 흡사했다. 스무 개 넘는 방을 통과하면서 황제와 가족의 생활 공간과 실내장식, 가구와 집기, 초상화 등을 보는 데는 사십 분 정도 걸린다. 베르사유 궁전에서 그런 것처럼 여기서도 관람객의 물결에 같은 속도로 떠밀리면서 움직여야 한다. 한 가지 다른 것은 쇤브룬 궁전은 안과 밖의 모든 것이 베르사유보다는 덜 사치스럽다는 점이다. 합스부르크 왕실이 부르봉 왕가보다 '가난'해서가 아니라 빈의 지배자들이 루이 14세를 비롯한 프랑스의 왕들보다 권력을 덜 행사했기에 그렇게 된 것이다. 그랬기에 빈 시민들은 혁명을 일으켜 공화국을 수립할 때 왕의 목을 자르지 않았던 것이리라.

쇤브룬은 궁전보다 정원이 더 좋았다. 잘 가꾼 나무와 숲, 수많은 분수, 조각상, 관목으로 조성한 미로, 동물원까지 있으니 날씨만 좋다면 온종일 머물 수 있을 것 같았다. 정원 한가운데 언덕을 가로질러 선 글로리에테(Gloriette)가 독특한 맛이 있었다. 글로리에테는 작은 정자를 가리키는 프랑스 말인데 마리아 테레지아가 왕실의 권위를 드높이려고 지었다. 가운데 공간에 들어 있는 카페는 정원과 빈 도심의 원경을 즐기며 잠시 휴식을 취하기에 안성맞춤이었다.

시간이 넉넉하지 않아 잠시 정원을 산책한 다음 말 두 마리가 끄는 마차를 타고 30분 동안 궁전 좌우 숲과 글로리에테 뒤쪽 정원을 돌아보았다. 쇤브룬의 숲은 베르사유보다 훨씬 작았지만 자연 상태에 가깝게 관리하고 있어서 더 정겨웠다. 그러나 오래된 그리스 대리석 기둥과 오벨리스크 등 곳곳에서 가져온 '약탈문화재'로 장식한 분수대는 '베르사유의 짝퉁'이라고 '셀프디스'를 하는 듯했다. 만들지 말았으면 좋았을 것을!

쇤브룬을 떠나오면서 마리아 테레지아(Maria Theresia, 1717-1780)를 생각했다. 페미니즘이 문명의 큰 흐름으로 떠오른 오늘날에도 합스부르크제국의 유일한 여성 통치자였던 이 사람이 큰 관심을 받지 못하는 이유가 무엇인지 의아했다. 빈뿐만 아니라 부다페스트와 프라하와 드레스덴에서도 그 이름과 마주쳤던 마리아 테레지아는 합스부르크제국의 역사에서 가장 두드러진 업적을 남긴 통치자였고, 이후 제위에 오른 모든 남자의 어머니·할머니·증조할머니였다. 요즘 자연상태에 가깝게 관리하는 쇤브룬 궁전을 마차를 타고 보았다.

말로 하면 중세 유럽 지배계급 전체를 통틀어 첫 번째 자리에 두어야 마땅할 정도로 유능한 권력자였다.

　아들이 없었던 카를 6세가 자신이 죽고 나서 영토가 갈가리 찢어질까 걱정한 나머지 딸과 딸의 자손이 영토를 상속할 수 있도록 허용하는 조칙을 만들어 둔 덕분에 마리아 테레지아는 1740년 권력을 쥐었다. 그때 제국의 재정은 파탄상태였고 유럽의 정치정세는 불안했다. 주변국의 권력자들은 스물네 살 먹은 여자가 왕위에 오르자 내놓고 즐거워하면서 틈날 때마다 합스부르크제국의 변방 영토를 빼앗으려 했다. 그들은 빈의 젊은 여제가 어떤 사람인지 몰랐다. 마리아 테레지아는 뚜렷한 개성과 인간미를 지닌 사람이었고, 무엇보다도 유능한 통치자였다. 정략결혼을 마다하고 자신이 선택한 남자와 결혼해 딸 열하나와 아들 다섯을 낳았으며 만만치 않은 외교적 수완으로 남편이 신성로마제국 황제 자리를 이어받게 만들었다. 공식 지위는 '신성로마제국 황후'였지만 실제로는 40년 동안 합스부르크제국을 통치한 황제였다.

　마리아 테레지아는 능력 있는 남자들을 발탁해 정부를 혁신하고 민심을 수습했다. 귀족 의회의 권한을 축소하고 대지주의 면세특권을 철폐했으며 대규모 상비군을 창설해 왕권을 강화했다. 반란을 일으킨 보헤미아 농민을 헝가리 대지주들이 무차별 학살한 사건이 터지자 소작인에게 강제노동을 시키지 못하게 하는 법률을 만들었다. 행정인력과 법률가를 양성하는 전문교육기관을 만들고 군대를 현대화했으며 학교와 도서관을 확충하고 강력한 공중보건정책을 실시했다. 새로운 형법을 제정해 봉건적 관습을 대체하게 하고 구빈법을 비

마리아 테레지아 광장의 테레지아 동상.

롯한 사회정책을 도입했으며 교회의 현실 정치 개입을 억제하고 의
무교육제도를 실시하려 했다. 국정교과서를 만들고 언론을 검열하는
등 사상과 표현의 자유를 억압했지만 그가 유능한 군주였다는 것을
부인할 수는 없다. 부국강병정책을 추진하다가 여러 차례 쓰라린 패
전을 겪은 후 실용주의 외교 노선을 선택해 영국, 프랑스, 러시아, 프
로이센 등 주변 강대국들과 우호 관계를 유지했다.

　　마리아 테레지아는 아이들을 사랑했고 교육에 정성을 기울였다.
자녀 열 명이 유아 사망의 위험을 이겨내고 장성했는데 대부분 이웃
나라 왕가와 혼인하게 했지만 각별히 아꼈던 큰딸이 연애 결혼을 하
겠다고 하자 기꺼이 허락했다. 속을 썩인 자녀가 없을 수는 없는 일,
어릴 때부터 유난히 어리석고 고집이 셌던 막내딸 마리아가 대표적
이다. 루이 16세의 왕비가 된 마리아는 사치와 방종을 경계하라는 어
머니의 거듭된 경고를 끝내 무시했다가 단두대에서 최후를 맞았다.
왕위를 계승한 맏아들 요제프는 더 심각했다. 계몽주의 철학에 심취
했던 그는 분별없는 외교정책과 해외사업을 벌여 국정을 혼란에 빠
뜨렸다. 아들과 다투다가 결국 물러난 마리아 테레지아는 쇤브룬 궁
전에서 세상을 떠났다. 합스부르크제국이 그 뒤로도 140년이나 존속
할 수 있었던 것은 마리아 테레지아 덕분이었다고 해도 지나친 말이
아닐 것이다.

　　마리아 테레지아가 오로지 타고난 성격과 재능 덕분에 유능한 군
주가 되었다고 할 수는 없다. 그는 남자 형제가 없었기에 어려서부터
군주가 되기 위한 공부를 했고 권력 행사와 관련한 직접 간접 경험을
쌓았다. 쇤브룬 궁전의 마리아 테레지아는 내게 말했다. "리더십을 형

성하려면 지적 · 정신적 · 정서적 능력을 키우는 데 필요한 학습과 경험을 해야 한다. 남자든 여자든 마찬가지다. 그런 기회를 얻는다면 누구라도 탁월한 리더가 될 수 있다. 나를 보라."

왕궁 방문 소감을 말한 김에 빈 남동부에 있는 벨베데레(Belvedere) 이야기까지 마저 하는 게 좋겠다. 바로크 양식인 벨베데레 궁전은 노면전차를 타고 다녀왔다. 벨베데레는 '전망 좋은 테라스'를 가리키는 건축 용어인데, 상부와 하부로 이루어진 이 궁전은 이탈리아 출신 '사보이 왕자 오이겐(Eugen von Savoyen)'이 18세기 초반에 지었다. 사보이 왕가는 1권 로마 편에서 소개했던 통일 이탈리아왕국 비토리오 에마누엘레 2세의 가문이다. 오이겐 왕자는 넓은 부지를 구입해 공원을 조성한 다음 하부와 상부 두 저택을 차례로 지었는데, 그 저택을 마리아 테레지아가 구입해 벨베데레라는 이름을 붙이고 왕실의 예술품을 보관 전시하는 공간으로 사용했다. 벨베데레를 거처로 사용한 마지막 인물은 사라예보에서 암살당한 황태자 프란츠 페르디난트 대공이었다. 제국이 해체된 후 벨베데레는 다른 궁전들처럼 박물관으로 바뀌었는데, 제2차 세계대전 때 크게 부서졌지만 완벽하게 복구했다.

벨베데레의 상궁은 오스트리아공화국 역사에서 가장 중요한 조약을 체결한 곳이어서 특별한 의미가 있다. 1955년 5월 미국 · 영국 · 프랑스 · 소련 외무장관들이 여기서 오스트리아의 자유와 독립을 보장하는 조약에 서명했다. 그러나 왕족과 귀족의 여름 휴가지였던 이 궁전에 사람들이 몰려드는 것이 궁전의 아름다움이나 역사적 중요성 때문이 아니라 미술 박물관이 된 벨베데레의 예술 작품을 보기 위해서다. 특히 상궁 전시장은 구스타프 클림트의 작품을 가장 많이 보유하고 있는데, 그곳의 슈퍼스타는 클림트의 그림 중 가장 유명한 〈키스〉였다. 나도 이 그림이 아니었다면 군이 벨베데레에 가지 않았을지 모른다. 클림트 작품 말고도 볼만한 그림이 숱하게 많은데, 에곤 실레의 작품들 역시 클림트 못지않게 인기가 있었다. 하궁의 바로크 미술관과 아열대 식물원의 오랑게리 전시장 역시 어디에 내놓아도 빠지지 않을 수준이지만 상궁 전시장에는 미치지 못한다. 벨베데레 궁전은 궁전이라기보다는 복합 미술관이라고 하는 게 맞을 것이다.

빈의 음식, 시씨가 옳았다!

시씨가 왜 요리사를 헝가리 사람으로 바꾸었는지, 빈의 전통음식을 먹어보니 바로 이해할 수 있었다. 헝가리 음식이 맛있는지 여부는 취향에 따라 달리 판단할 수 있겠지만 빈의 전통음식이 그리 맛있지 않다는 것은 확실해 보인다. 어디나 오래된 식당은 오래된 동네 골목에 있는 법인데 빈에는 그런 곳이 거의 없었다. 나흘 동안 돌아다녔는데도 자동차가 다닐 수 없을 정도로 좁은 골목이 있는 곳은 한 군데밖에 보지 못했다. 트램역 슈베덴플라츠(Swedenplatz, 스웨덴 광장) 가까운 플라이쉬마르크트(Fleischmarkt, 정육시장)였다. 좁고 휘어진 골목길과 조그만 삼각형 광장에 오래된 식당들이 보여서 옥호가 그리스와 무슨 관계가 있는 것 같은 식당의 노천 테이블에 앉아 몇 가지 음식을 주문했다.

대표 왕실 음식이라는 '타펠슈피츠(Tafelspitz)'는 쇠고기를 서너 가

상궁 테라스에서 본 벨베데레 정원.

빈의 왕실 음식인 타펠슈피츠와 굴라시.

지 채소와 함께 삶아 움푹한 접시에 자작한 국물과 함께 담아내는 수육이었다. 기름기가 거의 없어서 식감이 푸석했지만 사과와 겨자 무 소스를 얹으니 그럭저럭 먹을 만은 했다. '비너 슈니첼(Wiener Schnitzel)'은 얇게 편 송아지 고기에 옷을 입혀 튀긴 것인데, 튀김옷 맛은 '순수'했고 고기에는 육즙이 없었다. 사태살을 깍둑 썰어 슴슴하게 졸인 굴라시(goulash)는 이름만 비슷할 뿐, 매운 파프리카를 넣어 육개장 느낌이 나게 끓이는 헝가리 구야슈(gulyas)와 아주 달랐다. 싱겁게 만든 쇠고기 장조림이라고 할까? 여러 식당에서 먹어보았는데 다 비슷했다. 빈의 황제와 귀족들이 좀 안되었다는 생각이 들었다. 겨우 이런 음식을 먹었다니, 신분 높고 돈 많으면 뭐 하나.

그렇지만 빈의 음식이 맛없었다는 건 절대 아니다. 링 북쪽 도나우 운하 구간에는 누들 전문점을 비롯해 다양한 종류의 레스토랑이 있었고 오가는 사람도 많았다. 첫날 저녁밥을 스웨덴 광장 인근 도나우 운하의 다리 옆에 범선 모양으로 지어 놓은 카페/레스토랑에서 먹었는데, 실내를 꽉 채운 손님들은 옷을 멋들어지게 입은 것으로 보아 대부분 빈 사람들 같았다. 스파클링 와인과 샐러드, 훈제송어, '두 가지 맛 돼지고기(Zweierlei Schwein)'를 주문했다. 여러 가지 채소와 으깬 겨자 무를 곁들인 훈제송어는 풍미가 훌륭했고, 돼지고기는 살짝 불맛이 났다. 껍질이 붙은 삼겹살과 앞다릿살 두 덩이를 삶은 다음 살짝 구운 것 같았다. 곁들여 나온 직화(直火) 대파와 삶은 보리가 고기 맛과 잘 어울렸다. 아무 정보 없이 들어갔는데 음식 맛이 외관보다 더 좋았다. 로마와 이스탄불, 파리에서는 유동인구 많은 관광 핫플레이스 근처 식당을 일부러 피했는데 빈에서는 그럴 필요가 없었다. 나

필름 페스티벌을 연 시청 광장.

중 알았지만 부다페스트와 프라하도 빈과 다르지 않았다. 옛 합스부르크제국의 도시들은 다 그런가 싶었다.

빈에서는 거리 음식을 보지 못했다. 포장마차 같은 것은 어디에도 없었다. 하지만 거리 음식이라고 해도 좋을 만한 것을 먹어보긴 했다. 연말 열리는 크리스마스 시장이 유명한 시청 광장에서는 여름 두 달 동안 필름 페스티벌이 열리는데, 체류 마지막 밤에 갔더니 대형 스크린에 독일 태생 바이올리니스트 데이비드 가렛(David Garret)의 공연 실황이 흐르고 있었다. 광장 가장자리에는 동서양의 각종 먹거리를 파는 노점이 즐비했고 사람들은 나무 탁자에 둘러앉아 맥주와 포도주를 끝없이 마셔댔다. 확실히 축제라는 건 어디서나 모여서 먹고 마시고 떠들고 춤추는 행사임이 분명하다. 모둠 생선구이, 감자볶음, 연어 철판구이와 치킨을 안주 삼아 맥주와 석포도주를 마시며 마지막 밤을 보냈다. 노점의 스타는 정어리 굽는 냄새로 광장의 모든 허기진 자들을 불러 모은 그리스 팀이었다.

보티프교회, 빈대학교, 시청사, 국회의사당

빈의 문화공간을 속속들이 탐사하기에 나흘은 너무 짧아서 겉모습만 보고 지나친 곳이 많았다. 그래도 '링 양식'을 구성하는 다양한 건축물을 본 것은 괜찮은 경험이었다. 호프부르크와 슈테판 성당에 비하면 '조연'급에 지나지 않지만 다른 도시라면 주연 노릇을 할 만한 집이 빈에는 흔했다. 우리가 링 탐사를 시작한 보티프교회(Votivkirche)

는 흰색 사암으로 화려하게 지은 신고딕 양식 건축물이다. 1853년의 요제프 황제 암살 시도가 미수에 그친 것을 신께 감사드리자며 황제의 동생이 모금을 주도하고 설계를 공모해 지은 그 교회는 첨탑이 하도 높아서 처음에는 슈테판 성당이라 착각했다. 교회 신축을 주도한 황제의 동생은 1864년 멕시코를 지배하고 있었던 프랑스 군대가 멕시코제국 황제로 추대하자 덜컥 막시밀리아노(Maximiliano) 1세가 되었다. 가톨릭교회의 반대를 무릅쓰고 원주민을 위해 토지제도를 개혁하고 강제노역제도를 폐지하려 했던 그는 얼마 지나지 않아 공화주의자 베니토 후아레스의 혁명군에게 붙잡혀 총살당하고 말았다.

보티프교회에서 링을 따라 남쪽으로 잠깐 걸으니 1884년 완공한 빈대학교 캠퍼스가 나타났다. 플라톤의 아카데미아를 재현해 놓은 듯한 본관 전면부는 아테네에서 본 어떤 건물보다 진하게 고대 그리스의 문화적 향기를 내뿜고 있었다. 빈대학교는 14세기에 태동해 19세기 후반에는 여학생의 입학을 허용하는 유럽 최고 수준의 고등교육기관으로 발전했다. 본관은 링에 있지만 캠퍼스는 시내 전역에 흩어져 있으며, 정신분석학을 창시한 지그문트 프로이트, 물리학자 에르빈 슈뢰딩어, 철학자 카를 포퍼, 심리학자 알프레드 아들러를 비롯해 대단한 학자들을 배출했다. 여유롭게 대학 건물들 사이를 거닐고 싶었지만 단기여행자한테는 허용되지 않는 사치여서 애써 미련을 끊어냈다.

그다음에 만난 것은 빈대학교 본관과 거의 같은 시기에 지은 시청사(Rathaus)였다. 청사 앞은 넓은 광장이고 좌우에는 잘 가꾼 나무들이 고개를 내밀고 있었으며 왼편의 깃대에는 유럽연합 깃발이 펄럭

였다. 다섯 개나 되는 시청사의 첨탑 중에 가장 높은 중앙탑 꼭대기
에는 깃발을 든 남자가 서 있었다. 누구인지 궁금해서 지나가는 사람
들을 붙들고 물어보았다. 광장에서 환경 정비 작업을 하던 중년 남자,
멋진 회색 투피스를 차려입은 할머니, 백팩을 멘 청년이었는데, 주고
받은 대화는 대충 이러했다.

 "저기 꼭대기에 선 남자는 누구죠?" "아, 라트하우스만(Rathausmann,
시청사의 사나이)이에요!" "그건 나도 아는데, 모델이 누군가요? 혹시
오스트리아 국가 영웅, 역사 인물, 예술가 또는 상상의 인물인가요?"
"……." 아는 이가 없었다. 초록색 형광 조끼를 입고 작업을 하던 남자
는 민망한 표정으로 말했다. "몰라서 미안합니다." 검은 머리 여행자
의 질문에 답을 주지 못해서 자존심이 상했을지도 모른다는 생각이
들어서 물어본 나도 민망했다. 금발의 외국인이 서울시청사의 조형
물에 대해서 물어본다면 나는 제대로 된 답을 줄 수 있을까? 빈이나
서울이나, 거기 사는 사람들이라고 해서 모든 걸 아는 건 아니다.

 나무 아래 벤치에 앉아 시청 홈페이지를 접속해 보니 필요한 정
보가 떴다. "시청 중앙탑의 높이는 98미터. 멕시코에서 죽은 동생을
잊지 못한 요제프 황제가 높이가 99미터인 보티프교회 첨탑보다 높
아서는 안 된다고 했다. 발바닥에서 깃대 꼭대기까지 라트하우스만
의 높이는 5.4미터." 라트하우스만의 깃발까지 합치면 결국 시청사는
보티프교회보다 더 높다는 뜻이다. 그때 이미 황제의 권위가 옛날 같
지 않았던 모양이다. 이런 정보도 있었다. "빈의 상징으로 삼기 위해
디자인한 라트하우스만은 막시밀리아노 1세의 갑옷을 입은 기사의
형상. 속은 강철, 겉은 구리. 구리는 러시아 동전을 녹여 조달." 아하,

빈 시청사 중앙탑 꼭대기에 깃발을 든 남자가 서 있다.

갑옷만 황제의 동생 것이고 사람은 그냥 기사로군. 그런데 하필이면 왜 러시아 동전이었을까? 빈 사람들은 러시아제국을 싫어했던 듯하다. 러시아 사람들도 합스부르크제국을 싫어했을까? 사라예보 사건이 세계대전으로 번진 과정을 보면 둘 모두 상대방을 혐오하고 있었음이 분명하다.

라트하우스만을 올려다보며 역사를 되짚어 보았다. 1914년 6월 28일 사라예보에서 세르비아 민족주의자가 오스트리아 황태자 프란츠 페르디난트를 죽였다. 복수심에 사로잡힌 요제프 황제는 한 달 후 세르비아에 선전포고를 했다. 그러자 슬라브족의 맹주를 자처한 러시아제국이 세르비아를 편들었고 독일이 오스트리아와 손을 잡았다. 독일과 견원지간인 프랑스도 가만히 있을 수 없게 되었고 전쟁의 불길은 영국과 유럽 대륙 전체로 번져나갔다. 나중에는 오스만제국이 오스트리아 진영에 가담했고 독립을 원한 중동의 아랍 민족이 영국을 지원했으며 일본과 미국까지 전쟁에 뛰어들거나 휘말렸다. 인류 역사에서 일찍이 볼 수 없었던 글로벌전쟁은 마지막까지 남아 있던 거대 제국들을 무너뜨렸다. 합스부르크제국과 오스만제국의 폐허 위에 각각 오스트리아공화국과 터키공화국이라는 조그만 신생국이 탄생했고 러시아제국에서는 볼셰비키혁명이 일어나 최초의 사회주의 체제가 들어섰으며 동유럽과 발칸반도, 중동 등에는 수많은 민족국가 또는 국민국가들이 우후죽순처럼 솟아났다. 러시아 동전을 녹여 만든 라트하우스만의 껍데기는 그 모든 비극을 예고한 시대의 징후였는지도 모른다.

시청사를 지나서 만난 국회의사당은 고대 아테네의 파르테논과

아카데미아 건물을 '칵테일'한 것 같았다. 전면에 줄지어 세워둔 코린트 기둥과 파르테논을 빼닮은 프리즈는 문화 유전자의 끈질긴 생명력을 증명하고 있었다. 1884년 완공한 국회의사당에는 제한된 권력을 가졌던 귀족의회와 선출의회가 쓰도록 회의장을 두 개 만들었다. 오스트리아가 공화국이 된 이후 직접 선출하는 하원과 9개 연방 주 대표들이 모이는 상원이 그 회의장을 나누어 쓴다고 한다. 국회는 어느 나라든 다 회의실과 사무실밖에 없는 데다 들어가는 절차가 까다로워 굳이 들어갈 생각이 들지 않았다.

그런데 국회의사당 좌측 인도에 작은 조형물이 보였다. 로이만(Jakob Reuman), 아들러(Victor Adler), 하운쉬(Ferdinand Hanusch)의 흉상과 오스트리아공화국 수립(1918년 11월 12일) 관련 사실을 적은 석판이었다. 중증 문자중독인 나는 이런 것을 그냥 지나치지 못한다. 로이만은 오스트리아 사회민주당의 첫 대표였다. 다른 두 사람은 제정을 철폐하고 공화국을 수립한 혁명의 주역이었다. 그들은 최저임금제 도입, 대규모 공공주택 건설, 국민건강보험 설립 등 오늘날 오스트리아 국민의 삶을 지켜주는 사회복지제도를 설계하고 도입한 사회민주당 정치인이다.

유럽 도시를 다니다 보면 이런 종류의 기념 조형물을 흔히 만나게 된다. 그런데 측면에 새겨둔 글이 특별했다. 그 조형물이 공화국 수립을 기념하는 데 적합한지를 두고 격렬한 찬반논쟁이 벌어졌다는 사실과 찬반논리의 요지를 알리는 텍스트였다. 더 특별한 것은 그 안내문을 만든 것이 시의회의 결정에 따른 조처임을 알리는 마지막 문장이었다. 빈 시의회는 다수파의 지배를 승인하면서도 그런 방식으

국회의사당 옆 길가, 오스트라아공화국 수립 주역들의 흉상.

로 소수파의 주장을 존중한 것이다. 이런 것을 가리켜 '성숙한 민주주의'라고 하던가? 부러우면 지는 거라지만, 그래도 부러운 건 어쩔 수 없었다.

뜻밖의 발견, 훈데르트바서

빈은 예술의 도시로 명성이 높은 터라 웬만한 예술가들에 대해서는 조금씩이라도 알아보고 갔다. 훈데르트바서는 '훈데르트바서하우스(Hundertwasser-haus)'라는 특이한 집을 설계한 건축가라는 정도만 알고 있었다. 1번 트램 뢰벤가세(Löwen-gasse) 정류장에서 도심 쪽으로 조금 되돌아가니 링 외곽의 서민 아파트지구 한가운데 그 집이 있었다. 이 구역의 아파트들은 외벽을 석조건물처럼 해 놓았는데, 만져보니 돌이 아니라 시멘트 콘크리트였다.

훈데르트바서하우스는 시정부가 지은 공영 임대주택이다. 외벽에 3원색을 칠한 이 집은 안토니 가우디가 설계한 바르셀로나의 '까사 밀라'처럼 직선이 없었다. 그가 설계한 교회와 호텔 등 다른 건물의 디자인도 다 그랬다. 그러나 두 사람이 지은 집은 용도가 달랐다. 가우디는 돈 많은 부동산업자의 의뢰를 받고 호화 연립주택을 지었고 훈데르트바서는 공영 임대주택을 설계했다. '가난한 사람들을 위한 까사 밀라'라고 할 수 있을까? 뿌리를 2층 발코니 안에 두고 밖으로 몸을 내민 나무들은 이 집에 사람만 사는 게 아니라고 주장했다. 아래층의 미니 갤러리를 보고 2층 테라스 카페에서 차를 마셨다. 카

훈데르트바서가 설계한 공영 임대주택.

페, 비어홀, 갤러리를 갖춘 골목 건너의 쇼핑센터 '훈데르트바서 빌리지'에는 모든 종류의 빈 방문 기념품이 다 있었다.

1928년 빈의 유대인 가정에서 태어난 훈데르트바서의 원래 이름은 프리드리히 슈토바서(Friedrich Stowasser)였는데 성인이 된 후 프리덴스라이히 레겐탁 둥켈분트 훈데르트바서(Friedensreich Regentag Dunkelbunt Hundertwasser)로 개명하고 뉴질랜드 국적을 얻었다. 스스로 지은 그 긴 이름은 '평화로운 땅에서 비 내리는 날 신비로운 천연색으로 흐르는 여러 갈래 강물'쯤으로 번역할 수 있겠다. 훈데르트바서는 그저 뛰어난 건축가였던 게 아니라 화가, 자연주의 철학자, 환경운동가이기도 했다. 이 특이한 예술가의 철학과 작품 세계를 더 깊게 들여다보고 싶어서 '훈데르트바서 박물관'으로 운영하는 시립예술회관(Kunsthaus Wien)으로 발걸음을 옮겼다.

훈데르트바서하우스에서 예술회관까지 '골목길 산책'은 그 자체로서도 즐길만한 이벤트였다. 서민 주거 지역의 일상적 풍경을 감상하면서 최대한 천천히 걸었는데도 10분이 채 걸리지 않을 만큼 가까웠다. 훈데르트바서 박물관의 전시품은 대부분 청년 시절 이후 그린 그림이었는데, 모든 작품을 관통하는 시각적 특징을 알아보는 데 아무 어려움이 없었다. 다양하고 강렬한 색, 그리고 빙빙 도는 '나선(螺線)'. 작품을 이해하는 데 필요한 정보를 담은 텍스트를 충분히 제공한다는 점 때문에 이 박물관은 아주 마음에 들었다.

훈데르트바서는 집만 잘 지은 게 아니라 말도 멋지게 했다. "직선에는 신이 없다" "진짜 문맹은 창조적으로 일하지 못하는 것" "나는 집을 고치는 의사"라는 말로 자신의 철학과 세계관을 표현했다. 그는 이렇게 믿었다. '인간은 자연에 기생하는 생물이다. 얇은 피부를 옷으로 덮고 집에서 산다. 그 집은 사회의 보호를 받으며 사회는 지구 행성의 자연환경 안에 존재한다. 따라서 집을 지으면서 자연을 파괴해서는 안 된다. 자연과 소통하고 교감하고 조화를 이루어야 한다.'

훈데르트바서 박물관을 보니 훈데르트바서하우스를 더 깊게 이해할 수 있었다. 앞뒤를 바꾸어 보았다면 더 좋았을 뻔했다. 훈데르트바서는 자연의 곡선과 자연의 색을 존중했고 흙, 숯, 돌, 벽돌과 같은 자연의 재료를 사용해 예술적 감정을 표현했다. 인간이 만든 직선의 경계를 버리고 자연의 곡선에 녹아들도록 집을 지었으며 지붕에 숲을 만들고 발코니에 나무가 자라게 했다. 그가 만든 미래형 주택단지 미니어처는 스머프의 움집과 비슷했다. 호모사피엔스 개체 수가 지금의 1/100 정도로 줄어든다면 그런 집을 짓고 살게 될지도 모르겠다. 숲 살리기 운동, 반핵 운동, 고래 보호 운동에 참여하는 한편 식물을 이용한 정수 시스템을 개발하기도 했던 훈데르트바서는 2000년 2월 항해 중이던 배에서 세상을 떠났고 뉴질랜드에 만들어 두었던 '죽은 자들의 행복한 정원' 나무 아래 묻혔다.

훈데르트바서하우스와 박물관은 '뜻밖의 발견'이었고, 시립예술회관 기획전시장에서 마틴 파(Martin Parr) 사진전을 본 것은 덤이었다. 카메라를 든 아내는 이런 기회를 놓치지 않는다. 마틴 파는 평범한 사람들의 일상을 찍는다. 그리 멋지지도 아름답지도 않은 그의 사진들은 밑도 끝도 없는 상념을 불러일으켰다. 인생이란 원래 이리도 뒤죽박죽인 것인가? 인간은 구원받을 수 있는 존재인가? 세상의 부조리와 모순은 형태만 달라질 뿐 사라지지 않는 게 아닐까? 어찌 보면

남루하기 짝이 없는 일상의 순간들을 보여줌으로써 이런 상념을 불러일으키는 것을 보니 그가 괜히 유명해진 게 아님이 분명했다.

빈틈없는 도시

오래된 도시들은 저마다 역사의 상처를 지니고 있다. 아테네는 의도와 무관하게 상흔이 드러나고 부다페스트는 일부러 드러내며 파리는 감추었지만 보인다. 그런데 빈에서는 그런 것을 찾으려고 해도 찾을 수가 없었다. 사람으로 치면 '사기 캐릭터'였다. 부잣집에서 태어난 수재인데 잘생겼고 키도 크다. 손꼽는 명문대학을 졸업하고 가족 기업을 넘겨받아 성공적으로 경영한다. 예술적 감각을 지닌 교양인에다 성격마저 원만해 사람들과 좋은 관계를 맺고 산다. 약점이라고 할 만한 게 없다. 빈은 그런 사람 같았다. 부러워하거나 시샘할 수는 있지만 흉보기는 어려웠다.

여행에도 '상대성원리'가 적용되는 게 아닌가 싶다. 빈만큼 또는 빈보다 더 대단한 도시에서 온 여행자라면 모든 게 좋았을 것이다. 그렇지만 빈틈이라고는 보이지 않아서, 너무 완벽해서, 내게 편하지만은 않았다. 오스트리아는 한국보다 부유하고 빈은 지구 행성에서 가장 호화로운 도시다. 건물도 거리도 사람도 부족함이 없어 보였다. 노점상이나 거리 음식은 아예 없었고, 치안도 완벽해서 소매치기 걱정 따위는 할 필요가 없었다. 모든 것이 있어야 할 자리에서 아무 문제 없이 돌아가고 있었다. 비가 내릴 때는 모두 실내에 머무는지 거리가 텅 비었다. 우산을 들고 걷는 이조차 드물어서 우리도 준비한 비옷을 꺼내지 않고 카페와 박물관에서 시간을 보냈다. 왠지 그래야 만 할 것 같았다.

하지만 빈이라고 상처가 없는 건 아니다. 수많은 역사의 상흔을 덮어버리는 데 완벽하게 성공해서 보이지 않을 뿐이다. 합스부르크 제국의 정치적 후진성은 시씨 황후의 아름다움과 바로크 궁전의 화려함으로 가렸다. 독일과 합병해 자의 반 타의 반 인류에 대한 범죄를 저질러 놓고서도 나치 잔재 청산 작업은 하지 않은 채 영세중립국으로 국제사회의 인정을 받았다. 유엔 사무총장을 연임한 쿠르트 발트하임은 나치 돌격대 가입과 독일군 중위 복무 사실이 드러나 국제사회의 비난을 받았지만 무난히 대통령에 뽑혔다. 독일은 모든 도시 모든 장소에 홀로코스트의 기억을 되새기는 공간과 시설을 만들어두었지만 빈에서는 일부러 찾아다니지 않으면 볼 수 없다. 그라벤의 삼위일체상도 페스트의 참극을 모르는 여행자에게는 그저 멋지게 금박을 두른 종교적 조형물일 따름이다.

그렇지만 빈이 싫지는 않았다. 편하진 않아도 좋았다. 기회가 생기면 또 가고 싶다. 빈 사람들이 역사의 그늘과 상처를 지운 방법이 괜찮아서 그런 게 아닌가 싶다. 빈은 가치 있는 그 무엇을 이룬 사람을 돋보이게 만드는 방식으로 그 일을 해냈다. 중앙역에서 부다페스트행 기차를 기다리면서 빈에 대한 기억을 정리했다. 가장 뚜렷한 기억의 대상은 사람이었다. 요제프 황제, 시씨 황후, 모차르트, 클림트, 훈데르트바서……, 그리고 그들의 인생이 묻은 문화유산이었다. 내가 아직도 모르는 사람들과 그들의 유산이 빈에는 더 많이 있을 것 같았

해 질 무렵의 바그너 기차역

고 또 오면 더 알게 되리라는 기대가 들었다. 한 번의 탐사로 다 알기
에는, 빈이 가진 게 너무나 많은 듯했다.

내겐 너무 완벽한 도시였지만 조그만 빈틈도 없는 건 아니었다.
해 질 무렵에 본 바그너 기차역(Wagner Stadtbahn-Pavillons)은 내가 본 유
일한 빈틈이었다. 그래, 완벽하게 잘나 보이는 사람도 쓸쓸한 얼굴을
할 때가 있지. 빈의 운하·철도역·터널·교량 건설 사업을 주도했고
미술아카데미 건축과 교수로서 분리파에 참여했던 오토 바그너(Otto
Wagner, 1841-1918)가 1899년에 지은 카를스플라츠(Karlsplatz) 기차역은
수명을 다해 카페와 전시장으로 쓰이고 있었다. 빈에서 본 모든 역사
적 건축물 중에서 낡고 쓸쓸해 보인 것은 그곳뿐이었다. 나는 그 집
이 마음에 들었다. 그런 표정이 하나라도 있어서, 완벽하게 잘나지 않
은 면이 하나라도 있어서, 빈에 정을 붙일 수 있었다. 기차가 중앙역
을 벗어났는데도 빈과 작별하는 것 같지 않았다. 다시 돌아오려고 잠
시 떠나는 기분이었다. 나만 이런 느낌을 안고 돌아온 건 아닐 것이
다.

빈, 내겐 너무 완벽한

부다페스트, 슬픈데도 명랑한

프라하, 뭘 해도 괜찮을 듯한

드레스덴, 부활의 기적을 이룬

죄르

데르레센

부다페스트   헝가리

세케슈페헤르바르

케치케메트

세게드

페치

나의 부다페스트 여행지

괴델레궁

머르기트 다리

선착장

언드라시 거리

영웅 광장

버이더후녀드 성

테러하우스

리스트 기념관

성 이슈트반 대성당

도나우강

강변의 구두

시나고그

루인 바

국회의사당

세체니 다리

부다 왕궁

겔레르트 언덕

어부의 요새

마차시 성당

치타델라

메멘토 파크

부다페스트,
슬픈데도 명랑한

다뉴브의 탁류

빈 중앙역에서 부다페스트 동역까지 기차로 세 시간이 채 걸리지 않았다. 비행기보다 빠르고 간편할 뿐만 아니라 역사적 의미가 깊은 길이라서 일부러 기차를 탔다. 완만한 구릉이 이어지는 차창 밖 풍경을 보면서 세계사의 변곡점이었던 1989년을 생각했다. 그해 여름, 늘 그랬던 것처럼 많은 동독 시민이 헝가리로 가족 휴가를 떠났다. 가을이 되자 동독의 공장과 학교와 병원이 정상적으로 돌아가지 않았다. 엔지니어 · 교수 · 교사 · 의사 · 간호사를 비롯한 전문직 종사자 수십만 명이 휴가에서 복귀하지 않았기 때문이다.

그들은 헝가리에서 오스트리아를 거쳐 서독에 들어갔다. 고르바초프 소련 공산당 서기장이 동유럽 사회주의국가의 내정에 간섭하지 않겠다고 하자 헝가리 정부가 오스트리아 쪽 국경의 철조망을 걷어 냈다. 친지 방문과 방송 교류를 통해 서독이 풍요롭고 자유로운 사회라는 사실을 잘 알고 있었던 동독 시민들은 열차와 자동차를 타거나 걸어서 국경을 넘었고 오스트리아 정부는 그들의 입국을 허락했다. 동독 정부가 서독 여행 자유화 조처를 공식 발표하자 동베를린 시민

들은 서베를린으로 가는 브란덴부르크 문에 몰려들었고 경비부대의
지휘관은 발포 금지 명령을 내렸다. 반세기 동안 서베를린을 차단했
던 장벽이 무너졌고 분단의 형벌을 받았던 패전국 독일은 통일을 이
루었다. 우리는 그때 동독 시민들이 갔던 길을 거슬러 빈에서 부다페
스트로 이동했다. 이스탄불의 포구에서 보았던 글귀가 떠올랐다. '길
위에 삶이 있다.'

　　바가지요금을 피하려면 전화로 택시를 호출해야 한다는 것을 알
고 있었지만 굵은 빗방울을 맞으며 무거운 가방을 끌고 이동하는 게
내키지 않아 역사 출구 바로 앞에 서 있던 택시를 잡았다. 턱수염을
기른 중년 남자는 유로와 헝가리 포린트로 금액을 표시한 요금표를
보여주었다. 헝가리는 유럽연합 회원국이지만 유로존에는 가입하지
않아서 부다페스트에서는 포린트와 유로화를 다 쓸 수 있었다. 예약
한 호텔이 동역에서 가까운 세체니 다리 앞이라 별 큰 액수가 아니어
서 바가지인줄 알면서 고개를 끄덕여 주었다. 호텔 앞에서 유로화로
택시비를 주면서 얼굴 가득 웃음 짓는 그에게 말했다. "애들 과자라
도 사 주슈!"
　　며칠 동안 비가 내린 탓인지 도시를 가로지르는 도나우강은 거센
탁류였다. '다뉴브강의 잔물결'도 '아름답고 푸른 도나우'도 존재하지
않았다. 다뉴브(Danube), 도나우(Donau), 두너(Duna)는 모두 같은 강을
가리키는 영어·독일어·헝가리어 이름이다. '푸르고 잔잔한 도나우
의 물결'이라는 나의 관념은 아마도 음악 때문에 생긴 것이었으리라.
19세기 루마니아 작곡가 이바노비치의 왈츠곡 '다뉴브강의 잔물결'

과 슈트라우스 2세의 왈츠곡 '아름답고 푸른 도나우' 같은 것이다. 특히 이바노비치의 곡은 1926년 현해탄에 몸을 던진 조선 최초 소프라노 윤심덕의 〈사의 찬미〉 원곡이어서 한국에 널리 알려졌다.

도나우강은 알프스 남쪽 경계를 타고 동쪽으로 흐르면서 빈을 지난 다음 부다페스트 근처에서 직각으로 몸을 틀어 남쪽으로 내려간다. 헝가리를 벗어날 때 다시 동으로 전향해 카르파티아산맥과 발칸산맥 사이의 협곡을 따라 크로아티아와 세르비아 등 발칸반도 북부를 가로지른 후 루마니아 남부 평원과 우크라이나 저지대를 거쳐 흑해에 들어간다. 숱한 지류를 끌어안으며 알프스의 발원지에서 흑해까지 3천 킬로미터를 달리는 도나우의 품에서 빈, 부다페스트, 베오그라드 등 크고 작은 도시들이 자랐다. 1990년대에 라인강과 연결하는 운하가 개통되어 이제 도나우 물길은 흑해에서 북해까지 통하게 되었다. 하류의 도나우는 잔물결이 흐르는 푸른 강이지만 빈과 부다페스트 구간의 도나우 상류는 그렇지 않다. 탁류가 빠르게 흐르는 위험한 강이다.

빈에서 온 탓에 마음이 더 편안했다. 우산을 들고 다니는 사람도 흔치 않았던 빈과 달리 비 내리는 오후의 강변에 일회용 비옷을 걸친 여행자가 헤아릴 수 없이 많았다. 예전에 알았던 그 부다페스트가 아니었다. 25년 전과는 아예 비교가 불가능할 정도로 밝고 예쁘고 평화로운 도시가 되어 있었다. 생각해 보니 오랫동안 신문 국제면에서 헝가리 소식을 보지 못했다. 언론은 '나쁜 사건'에 주목한다. 한국 언론이 관심을 가질만한 사건이 없었다는 것은 헝가리와 부다페스트가 순조롭게 발전했다는 증거가 된다. 나흘 동안 다녀 보니 짐작한 대로

잔잔하지도 푸르지도 않았다. 부다페스트의 도나우.

였다.

바실리카의 이슈트반

첫날 오후 '성 이슈트반 대성당(Szent István Basilica, 바실리카로 줄임)'
한 곳만 보고 숙소 근처 주택가의 식당에서 저녁을 먹었다. '이슈트
반'은 '슈테판'의 헝가리 버전이고 '바실리카'는 대주교좌 성당을 가
리키는 말이니까, 그 성당의 이름은 빈의 '성 슈테판 성당'과 사실상
같았다. 그런데 이슈트반은 종교 지도자나 기독교 성서에 나오는 사
람이 아니라 헝가리왕국을 세운 세속의 권력자였다. 부다페스트에서
가장 큰 성당이자 제일 높은 건물인 이곳에 왜 왕의 이름을 얹었을
까?

헝가리 사람은 서기 896년 무렵 말을 타고 와서 부다페스트 도나
우 우안(서쪽) 언덕 '오부더' 지구를 점령했던 '머저르(magyar)'족의 후
손이다. 주변에 살던 슬라브족을 밀어내고 세력을 넓혀나간 1000년,
버이크(Vajk)라는 귀족이 치열했던 내전을 종식하고 헝가리왕국을 세
웠다. 그는 38년 동안 통치하면서 오늘날 헝가리 국토와 거의 비슷한
영토를 확보했고 나중 이슈트반이라는 별칭을 얻었다.

헝가리의 정식 국호는 '머저르공화국(Magyarország)'인데, '대한민
국'이 국제사회에서는 'Korea'로 통하는 것과 같은 이유로 외부에는
헝가리로 알려져 있다. 이슈트반이 '머저르 민족국가'를 창건했기에
헝가리 국민은 그를 국가의 시조(始祖)로 여긴다. 하지만 바실리카를

이슈트반에게 헌정한 것이 그 때문만은 아니다. 이슈트반은 기독교를 받아들여 전국에 가톨릭 교구조직을 만들고 교구마다 성당을 지었다. 왕국을 기독교의 품으로 인도한 공을 인정해 로마 교황이 그에게 '사도왕'이라는 칭호를 주었다. 대주교좌 성당을 헌정할 만한 종교적 업적이 있었던 것이다.

첨탑까지 포함한 높이가 96미터인 바실리카는 중세 건축물이 아니다. 18세기 말 모금 캠페인을 시작해 1905년 완공했다. 바실리카는 머저르 민족주의와 기독교 문화를 상징하며 예나 지금이나 부다페스트에서 가장 높은 건물이다. 그보다 높은 집은 건축 허가를 내주지 않았기 때문에 민족 독립의 환희를 표현한 국회의사당도 바실리카와 같은 높이까지만 올렸다. 하지만 바실리카를 대단한 볼거리라고 할 수는 없다. 주로 오스트리아-헝가리 이중제국 시기에 건축공사를 했는데, 헝가리 귀족들이 최선을 다해 돈을 모았지만 '제법 큰 시골 성당' 수준의 성당을 짓는 데 그쳤다.

바실리카 입구에는 요한복음 14장을 라틴어로 새겨 놓았다. "EGO SUM VIA VERITAS ET VITA(나는 길이요 진리요 생명이다)." 이어지는 성서 문구는 다들 들어보았지 싶다. "나를 통하지 않고는 하느님에게 갈 자가 없느니라." 바실리카는 그리 높지 않은 언덕 위에 있었다. 대홍수가 났을 때 그 언덕 덕분에 시민들이 목숨을 건졌다고 해서 거기 지었다고 한다. 입구 계단에 바흐 · 하이든 · 모차르트 · 슈베르트 · 차이콥스키 · 쇼팽 · 파가니니 등의 곡을 연주하는 무료 미니콘서트의 일정표가 붙어 있었다. 마지막 날 오후 그 콘서트를 보려고 다시 와 보니 1유로 기부를 권하는 모금함이 놓여 있었다. 기

이슈트반 대성당의 미니 콘서트.

쁜 마음으로 지폐를 한 장 넣어 주었다. 5백여 명의 청중이 모였고 음악학교 학생들이 30분 정도 장중한 종교음악을 여러 곡 연주했다. 괜찮은 콘서트였다. 청중들을 숨소리도 내지 않게 했던 어린 여학생의 클라리넷 솔로 연주가 기억에 남아 있다.

연주회를 즐기는 동안 이슈트반이 왜 왕국 전체를 기독교의 품으로 데려갔을지 생각했다. 순수한 확신에 따른 종교적 행위였을까? 통치자로서 권위를 더하려는 정치적 타산은 아니었을까? 둘 모두였을지도 모른다. 그런데 다음 날 아침 영웅 광장에서 또 다른 해석의 가능성을 떠올렸다. 그가 왕국의 지정학적 특수성을 직시하고 민족의 미래를 내다보며 전략적 판단을 했다는 가설이다. 머저르 족장들은 몰랐겠지만 부다페스트를 새로운 정착지로 선택한 것은 현명한 결정이 아니었다. 그들은 말 그대로 '굴러온 돌'이었다. 중앙아시아에 살던 기마민족이 북서쪽에는 게르만족, 다른 모든 방향에는 슬라브족이 사는 유럽 한가운데에 뛰어들었으니 미래가 순탄할 리 없었다.

수십 개나 되는 유럽의 민족 언어 중에서 헝가리어와 친척 관계인 것은 에스토니아어와 핀란드어밖에 없는데 둘 다 지리적으로는 뚝 떨어져 있다. 우랄어족에 속하는 헝가리어에는 한국어에는 있지만 인도유럽어에는 좀처럼 찾기 어려운 모음이 있다. 헝가리 말에서 'a'는 우리말 모음 'ㅓ'와 같은 소리가 난다. 우리는 페니키아 문자를 영어식으로 읽는 습관이 있어서 'Andrássy'를 안드라시라고 하는데, 헝가리 사람들은 '언드라시'라고 한다. 'Magyar'도 마자르가 아니라 머저르다. 자음도 특이해서 's'는 영어 'sh'나 독일어 'sch'와 비슷하며 영어 's'에 해당하는 글자는 'sz'이다. 예컨대 작곡가 리스트의 성은

'List'가 아니라 'Liszt'다. 'a'와 's'가 다 들어 있는 'Budapest'는 부다페스트가 아니라 '부더페슈트'다. 이 글에서 인명과 지명은 헝가리어 소리대로 적는다. 다만 부다페스트처럼 우리말 표기법이 확고하게 정해진 경우에는 널리 알려진 대로 쓴다.

이름을 쓰는 법도 우리나라처럼 성(family name)을 앞에 둔다. 작곡가 리스트를 검색하면 보통 프란츠 리스트(Franz List)로 나오는데, 이것은 독일식 표기법이다. 헝가리 사람들은 리스트 페렌츠(Liszt Ferenc)'라고 한다. 외모도 유럽인보다는 아시아인과 비슷하다. 머리카락이 한국 사람처럼 완전 까맣지는 않지만 검은색 계통인 경우가 많고 키가 크지 않으며 몸은 날씬하다. 정말 그런지 확인하려면 카페와 레스토랑 직원, 관광지 문화 해설사, 상점의 점원들을 보아야 한다. 거리를 오가며 마주치는 사람들은 외국 관광객이 많아서 유럽 다른 도시와 다를 게 없다.

헝가리왕국은 슬라브족의 바다에 뜬 머저르족의 배였다. 이슈트반이 헝가리왕국을 세웠을 때 게르만족은 로마 가톨릭, 슬라브족은 콘스탄티노플에 본부를 둔 그리스정교회의 영향력 아래 있었다. 역사 · 언어 · 문화 등 모든 면에서 딴판인 머저르족이 종교마저 다른 상태로 살았다면 더 혹독한 시련을 맞았을지도 모른다. 어쩌면 역사의 시간 속에서 민족이 흩어지고 사라져 버렸을 수도 있다. 이슈트반은 국가의 통치자로서 민족의 문화적 고립을 완화하는 방책으로 로마 가톨릭을 받아들인 게 아니었을까? 만약 그랬다면 1천여 년이 지나 부다페스트의 바실리카에 자신의 이름이 붙여지는 것을 보면서, 자신이 그렸던 큰 그림이 맞아떨어졌다며 어깨를 으쓱할지도 모를 일이다.

지정학의 불운

　다음 날 아침 호텔 프론트에서 '부다페스트 카드'를 구입하고 지하철 M1을 타고 영웅 광장(Hősök tere)으로 향했다. 서울로 치면 광화문 같은 곳이어서 부다페스트 탐사는 여기서 시작하는 게 맞을 것 같았다. 도심의 중심축인 언드라시 거리 아래, 1896년 유럽 대륙 최초로 개통한 저심도 지하철 M1은 유네스코 세계문화유산으로 지정되어 있다. 지상에서 플랫폼까지 계단을 헤아려보니 딱 스물여덟 개, 짧은 플랫폼에는 아무런 안전설비가 없었다. 앙증맞게 노랑 옷을 입은 객차는 오전 9시 출근 시간에도 한산하고 쾌적했다.

　지하철 M1은 대중교통 수단이라기보다는 문화유산 또는 관광상품이었다. 언드라시 거리는 지금도 교통체증이 없는데 그 옛날에 왜 굳이 지하철을 만들었는지 모를 일이다. 하지만 노선 길이가 4킬로미터 남짓밖에 되지 않는 M1은 요즘 보기 드문 저심도 지하철이라 타고 내리는 재미가 있었다. 부다페스트의 지하철이 다 이런 건 아니다. 나중에 만든 2호선과 3호선은 서울 지하철만큼이나 깊다. 에스컬레이터 길이가 100미터는 족히 되어 보이는 역도 있어서, 그건 또 그것대로 타는 맛이 있었다.

　시내 북동쪽 언드라시 거리 끝에 있는 영웅 광장 주변에 관광버스가 줄지어 있었는데, 대부분 헝가리의 다른 지역에서 온 듯한 노인

저심도 지하철 M1의 앙증맞은 객차.

과 청소년들이었다. 공간 구조와 조형물의 형태를 보니 그럴만하다
는 생각이 들었다. 광장의 중심에는 높이 36미터인 코린트 양식 기둥
'밀레니엄 기념탑'이 서 있었다. 머저르족의 부다페스트 점령 1천 년
을 맞은 1896년 국회가 기념탑 건설을 의결해 1929년 완공했다. 기
둥 꼭대기에는 이슈트반왕의 꿈에 나타나 헝가리를 기독교로 이끌라
고 명했다는 가브리엘 대천사 조각상이 있었다. 그 아래에는 헝가리
에 정착한 머저르 7부족 연합 지도자와 족장들의 기마상이, 좌우의
반원형 주랑에는 이슈트반왕부터 19세기 중반의 독립투사 코슈트 러
요시(Kossuth Lajos)까지 민족 영웅 열네 명의 동상이 시대순으로 도열
해 있었다.

　시퍼렇게 녹슨 청동 조형물들은 장엄하거나 아름답지 않았다. 오
지 말아야 할 곳에 잘못 온 사람들 같았다. 그들은 기후 변화 때문에
원래 살던 흑해 근처의 초원지대를 떠나 새로운 정착지를 찾아왔다.
지정학적으로 매우 불리한 곳이어서 후손들이 심한 고난을 겪으리라
고는 상상도 하지 못했다. 부다페스트의 모든 거리와 광장에 드리워
진 역사의 그늘과 상흔을 본다면 그들은 자신들이 한 선택을 돌이키
고 싶을 것이다.

　헝가리는 국토가 대한민국보다 조금 작고 인구는 서울시와 비슷
하다. 오스트리아(북서), 슬로바키아(북), 우크라이나와 루마니아(동),
슬로베니아와 세르비아(남)에 둘러싸인 완벽한 내륙의 평원이다. 고
대에는 스키타이족과 켈트족, 판노니아족 등이 살았고 B.C.1세기 후
반 로마제국 군대가 들어와 4백 년 동안 지배했다. 서로마제국이 무
너진 5세기에 훈족의 왕 아틸라가 잠시 왕국을 세웠고 6세기부터 9

영웅 광장의 아침 풍경.

세기까지는 몽골계 아바르족이 부다페스트 일대를 차지했다. 머저르
족은 아틸라 시대에 흑해 주변의 초원지대를 떠나 서쪽으로 이동하
기 시작했고 수백 년에 걸쳐 다뉴브강과 카르파티아산맥 사이의 대
평원을 잠식한 끝에 슬라브족을 밀어내고 헝가리왕국을 세웠다.

헝가리왕국은 오래 견디지 못했다. 이슈트반이 죽은 후 내전으로
세력이 약해졌고, 13세기 중반 몽골 침략 때 치명상을 입었다. 몽골
기병은 헝가리의 드넓은 평원을 거침없이 짓밟았고 머저르왕국은 인
구의 절반을 잃었다. 15세기 후반 마차시 1세의 마지막 황금기가 끝
난 후 독립 공화국을 설립한 1918년까지 머저르의 후예들은 오스만
제국과 합스부르크제국의 지배를 받고 살았다. 1867년의 '역사적 대
타협'으로 오스트리아-헝가리 이중제국이 성립한 후에야 헝가리 사
람들은 독일어와 함께 자기의 언어도 공용어로 쓸 수 있게 되었다.
그러나 그게 끝은 아니었다. 헝가리는 나치 독일과 소련의 침략과 지
배를 겪었으며 새 헌법을 채택하고 자유 선거를 실시한 1990년에 처
음으로 독립한 민주공화국이 되었다.

자부심과 열등감

부다페스트는 표정이 환했다. 거리와 집들은 빈에 뒤지지 않을
만큼 밤낮없이 화려했다. 5백 년 동안이나 외부의 지배를 받았다고는
생각하기 어려웠다. 오래도록 평화와 번영을 누린 도시 같았다. 그러
나 수많은 광장과 지하철, 왕궁, 성당, 국회의사당, 박물관 등 대표적

인 건축물의 연혁을 보면 19세기 중엽까지는 정말 볼품없는 도시였
다는 사실을 알 수 있다. 그것들은 대부분 빈이 대성벽 철거 이후 새
로 태어난 시기에 지었다. 그래서 부다페스트에도 빈처럼 고딕, 르네
상스, 고전 양식 등 온갖 형태의 거대한 건축물이 있으며 국회의사당
은 그 모든 요소를 한 몸에 지니고 있다. 좋게 말하면 '절충주의', 냉
정하게 말하면 빈을 모방한 것이다. 하지만 헝가리 사람들을 비하할
수는 없다. 그들은 할 수 있는 최선을 다했다. 민족의 독립과 경제적
부흥을 이루겠다는 열망, 수백 년 만에 찾아온 역사적 기회에 대한
기대감, 스스로 모든 것을 해내겠다는 자부심을 그런 방식으로 표출
했다. 그게 잘못일 수는 없다.

　부다페스트의 화려함은 헝가리 사람들이 지니고 있었던 열등감
의 표현이었는지도 모른다. 역사의 상처를 감쪽같이 지워버린 빈과
달리 부다페스트는 그 모든 것을 내놓고 보여줌으로써 여행자를 불
편하게 만든다. 홀로코스트의 참상을 증언하는 초대형 기억 공간을
조성한 베를린 말고는 부다페스트만큼 '다크 투어리즘(dark tourism)'을
적극 홍보하는 도시를 찾아보기 어렵다. 부다페스트에서 반드시 그
런 것을 챙겨야 하는 건 아니지만, 사연을 알면 부다페스트가 더 정
겹게 안겨 오는 느낌이 들 것이다.

　영웅 광장 주변의 시설도 광장과 마찬가지로 민족적 자부심과
성취감을 부추길 목적으로 밀레니엄 기념탑을 만들 때 함께 조성
했다. 광장 좌우의 미술 박물관(Szépművészeti Múzeum)과 현대 미술관
(Műcsarnok)이 각각 엘 그레코, 라파엘로, 고흐, 마네, 모네, 세잔 등 근
대 유럽 화가들의 작품과 엄청난 양의 스페인 회화 작품을 보유하고

있다. 헝가리가 문화적으로 뒤떨어지지 않았음을 증명하려는 욕구의 표현으로 이해했다. 미술 박물관은 빈의 예술사 박물관과 비슷한 곳이어서 마음이 끌리긴 했지만 빈에서 그림을 실컷 보고 온 터여서 고대 그리스 신전 양식을 본뜬 건물의 전면부만 구경하고 지나쳤다.

영웅 광장 뒤편에 높이 솟은 버이더후녀드(Vajdahunyad)성은 1896년 세계박람회 전시장으로 쓰려고 지었다. 성 주변의 수로는 방어용 해자(垓字)가 아니라 조경 목적으로 만든 인공호수다. 여름에는 분수가 물을 뿜고 노 젓는 놀이용 보트가 떠다니지만 겨울에는 야외 스케이트장이 된다. 처음 부다페스트에 왔을 때 나는, 체제 전환 초기여서 경제 상황이 엉망이었는데도 수천 명이 야간 조명을 받으며 스케이트를 타는 광경을 보고 크게 놀랐다. 성 내부의 공간들은 농업 박물관을 비롯한 상설전시장으로 쓰고 있었다. 수로 주변 공원은 나무와 풀밭, 어린이놀이터가 잘 어우러져 있었고 마음이 끌리는 레스토랑도 보였다.

공원의 반대 편 끝에 유명한 세체니 온천이 있었다. 백 개 넘는다는 부다페스트의 천연수 온천의 대표 격인 이곳은 물이 뜨겁고 미네랄이 많기로 유명하다. 부다페스트의 온천은 16세기 초반 오스만제국 군대가 헝가리를 점령한 이후 생겼다. 1913년 문을 연 바로크 스타일의 세체니 온천에는 야외 수영장과 물놀이 시설이 있고 내부에는 소형 가족탕도 있다. 온천 이름은 부다와 페스트를 연결하는 최초의 교량을 만든 세체니 이슈트반(Széchenyi István, 1791~1860)에게서 가져왔다. 시내 곳곳에서 만나게 되는 세체니 이슈트반은 5천 포린트 지폐에 초상화가 들어간 민족 영웅이다.

버이더휴너드성 바깥의 인공수로.

곁가지 같지만 헝가리의 지폐 인물은 고단했던 민족사의 단면을 보여준다. 2백 포린트의 카로이 로베르트(Károly Róbert, 1288-1342)는 프랑스와 독일 혈통이지만 최초로 화폐를 발행하는 등 경제를 발전시킨 공로가 있어서 들어갔다. 5백 포린트의 라코치 페렌츠(Rákóczi Ferenc, 1676-1735)는 오스만제국의 손아귀에서 빠져나온 헝가리를 합스부르크제국이 병합하자 무장봉기를 일으켰고 죽을 때까지 조국에 돌아오지 못했다. 1천 포린트의 마차시 1세는 중세 헝가리의 짧았던 부흥을 이끌었던 왕이다. 예술과 교육을 진흥한 업적으로 2천 포린트에 들어간 베틀렌 가보르(Bethlen Gábor, 1580 - 1629)도 외국에 망명한 이력이 있다. 5천 포린트의 세체니 이슈트반은 거금을 기부해 헝가리 과학아카데미를 설립하고 봉건적 특권 폐지와 사회 개혁 방안을 담은 저서를 낸 애국자였지만 합스부르크 왕가의 헝가리 통치를 비판했다고 반역자로 비난받다가 스스로 목숨을 끊었다. 1만 포린트는 이슈트반왕이고 최고액권인 2만 포린트는 데아크 페렌츠(Deák Ferenc, 1803-1876)다. 데아크는 오스트리아-헝가리 이중제국 수립을 이끈 정치 지도자이자 명망 높은 지식인이었는데 반역 혐의로 합스부르크제국의 박해를 받았고 정치 활동을 금지당하기도 했다. 고액권일수록 더 중요한 인물이 들어간 것은 아니다. 우리나라도 그렇지 않은가. 신사임당이 세종대왕보다 더 위대하거나 더 사랑받는 인물이라서 5만 원권에 들어간 것은 아니다. 고액권일수록 나중 나온 것이라 그리되었을 뿐이다. 어쨌든 지폐 인물들은 헝가리 민족사가 고난으로 얼룩졌으며 국민들이 아주 강력한 민족주의 정서를 지니고 있다는 사실을 보여준다.

영웅 광장 주변을 돌아보면서 부다페스트의 변화를 체감했다. 나는 독일 유학생 시절 열네 살 먹은 폴크스바겐 소형차를 몰고 빈을 거쳐 부다페스트를 여행했다. 아내와 네 살짜리 딸, 가깝게 지냈던 유학생 커플이 동행했는데, 국경을 지나 첫 번째 휴게소의 맥도널드 영업점에 잠시 들렀다가 차에 두었던 물건을 몽땅 털렸다. 차 문은 그대로 잠겨 있었는데 돈이 될 만한 물건만 없어졌다. 지문을 채취한다고 법석을 떨던 경찰관이 정중한 어조로 권했다. "대사관에서 임시 여권을 만드는 게 좋을 겁니다."

마지막 날 밤에는 그곳 대학에 교환교수로 와 있던 선배 집에서 저녁밥을 먹고 나왔더니 노변 주차장에 세워둔 차가 사라지고 없었다. 동유럽에서 독일 번호판을 단 자동차는 절도단의 표적이라는 말을 들었지만 그렇게 낡아빠진 차까지 가져갈 줄은 몰랐다. 찻값은 나중 보험사에서 받았지만 빈의 제체시온에서 산 클림트 그림 포스터, 치킨전문점 '비너발트' 본점에서 어린이 손님 선물로 준 '헨젤과 그레텔'의 과자 오두막, 부다페스트 리스트 기념관에서 구입한 클래식 음악 CD, 여행 내내 찍었던 사진 필름은 되찾을 길이 없었다. 도둑한테는 아무 가치가 없었겠지만 우리는 억울하고 애통했다. 경찰서에서 차량 도난 확인서를 받고 선배한테 돈을 꾸어 기차를 타고 돌아왔다. 국경을 지날 때 여권검사를 하러 올라온 오스트리아 남자의 독일어를 듣고 큰 안도감을 느꼈다.

마음이 아팠다. 잃어버린 물건보다 부다페스트의 암울한 상황 때문에. 시청에서 발간한 관광안내 책자의 스폰서가 대부분 술집과 에스코트 서비스 회사였다. 거리에는 치우지 않은 눈이 쌓여 있었고 밤거리는 어두웠으며 지하철 M1의 객차 벽에는 주먹보다 큰 구멍이 나

있었다. 리스트 기념관에서는 일흔 넘어 보이는 관리인 노부부 말고
는 아무도 없었다. 음식은 맛있었고 돈 낼 때 미안할 만큼 가격이 저
렴했다. 영어는 전혀 통하지 않았고, 나이 든 시민들은 독일어를 했
다. 버이더후녀드성의 공원에 외관이 훌륭한 레스토랑이 있기에 들
어가 보니 인테리어가 엉망이었고 난방도 제대로 되지 않았다. 나이
가 지긋한 웨이터가 얼른 다가와 아내의 외투를 받아 걸고 의자를 빼
주지 않았다면 바로 돌아서 나갔을 것이다. 식기를 놓는 몸놀림이 정
중했던 그는 품위 있는 영어와 독일어로 그곳이 사회주의 시절 국빈
급 손님을 모신 레스토랑이었다고 말했다. 그때 나를 슬프게 했던 부
다페스트는 없어졌다. 밝고 활기찬 영웅 광장의 분위기에 마음이 따
뜻해졌다.

리스트 기념관과 테러하우스

언드라시 거리는 부다페스트의 샹젤리제라 할 수 있다. 영웅 광
장을 등지고 언드라시 거리에 들어서니 길 양편으로 대사관이 즐비
했고 한국대사관도 거기 있었다. 영웅 광장 지하철역에서 리스트 기
념관이 있는 뵈뢰스머르티 거리역까지는 앙증맞은 M1을 또 탔고, 다
양한 볼거리가 촘촘한 다음 역까지는 걸어서 갔다. 미할리 뵈뢰스머
르티(Mihály Vörösmarty)는 19세기 초중반 활동했던 헝가리의 국민 시인
이라 시내 여러 광장과 거리에 이름이 붙어 있다.

리스트 기념관은 큰 볼거리는 아니지만 빠뜨리기에는 또 아깝

다. 조그만 전시실이 셋 있는 이 기념관은 피아니스트이자 작곡가였던 리스트(Liszt Ferenc, 1811-1869)가 만년에 직접 지어서 살았던 집이다. 관람료, 사진 촬영 허가 요금, 한국어 오디오가이드 사용료까지 다 합쳐도 얼마 되지 않기에 마음껏 사진을 찍었다. 피아노를 비롯한 여러 종류의 악기, 탁자, 책상, 침대, 일상 용품, 훈장 등 리스트가 쓰던 것이 그대로 있었다. 관람객이 많지 않아 여유 있게 둘러보았다.

당대 최고의 피아니스트였던 리스트는 작곡가로서 〈헝가리 광시곡〉을 비롯해 700곡 넘는 작품을 남겼으며 수많은 피아니스트를 길러냈다. 다섯 살에 피아노에 흥미를 보였고 여덟 살에 작곡을 시작했으며 아홉 살에 첫 연주회를 했던 그는 헝가리 귀족들의 후원을 받으며 빈에서 체르니와 살리에르 등 당대의 대가들한테 연주와 작곡을 배웠다. 소년기에 우울증으로 음악을 그만두기도 했지만 성년이 된 후에 베를리오즈, 파가니니, 쇼팽과 교류하면서 자신의 음악 세계를 창조했다. 여러 귀족 부인들과 사귀었던 리스트는 30대 중반 연주를 그만두고 독일 바이마르에 살면서 작곡에 전념했다. 나중에는 로마에 장기체류하면서 종교음악에 빠졌는데 1867년 요제프 황제의 헝가리왕 즉위식 음악 작곡을 의뢰받은 일을 계기로 조국에 대한 관심을 가졌고 1871년 부다페스트에 지금 기념관으로 쓰는 집을 장만했다. 1886년 룩셈부르크에서 마지막 연주회를 한 직후 연주회를 보러 바이로이트에 갔다가 폐렴으로 사망했다.

리스트는 헝가리에서 태어났지만 '헝가리 사람'이라 하기 어려웠고 음악도 '헝가리 음악'이 아니었다. 빈·파리·런던·로마 등 유럽 전역의 여러 도시에 장기 거주하면서 다양한 장르의 음악을 섭렵하

리스트 기념관에 한국어 오디오가이드가 있었다.

고 자신만의 음악 세계를 구축한 '유럽인'이었다. 그러나 그는 헝가리 집시음악에 매료되어 〈헝가리 광시곡〉을 썼고 황제의 헝가리왕 대관식 음악을 만들었으며 삶의 마지막 국면을 부다페스트의 자택에서 지냈다. 헝가리 국민이 좋아하는 게 당연하다.

쌓인 눈을 밟고 오느라 신발이 흠뻑 젖었던 우리에게 비닐 덧신을 건네주었던 노부부가 생각나 박물관 직원에게 혹시 아는지 물어보았다. 젊은 여직원이 미소 띤 얼굴로 응대해 주었다. "돌아가신 지 오래되었어요. 뵌 적은 없어도 알긴 하죠. 그 할머니 따님이 여기 근무하는데, 곧 들어올 거예요, 아마. 반가워할 텐데." 우리가 관람을 끝내고 몇 가지 기념품을 살 때까지 그녀는 돌아오지 않았다. 어머니를 기억하는 한국인의 인사를 전해 달라 부탁하고 기념관을 나섰다. 대를 이어 박물관에 근무하는 것으로 보아 리스트 집안의 후손일지도 모를 일이다.

기념관을 나오자 네거리 대각선 건너편에 날카롭게 각진 건물이 보였다. 언드라시 거리 60번지 테러하우스(Terror Háza), 부다페스트 다크 투어리즘의 상징과 같은 박물관이었다. 2차 세계대전 때 그곳에 있었던 헝가리 나치당의 본부는 전후에 공산당 테러조직의 본부가 되었다. 민주화 이후 헝가리 정부는 나치의 만행과 소련 공산당의 폭정을 잊지 않으려고 테러하우스를 지었다. 독자들에게 밖에서만 보기를 권한다. 들어가면 아마도 후회하게 될 것이다. 그 집은 안팎이 다 검었다. 작게 구획된 모든 방을 강제 관람하도록 이동로를 만들어 두었는데, 텍스트도 영상도 모두 헝가리 말뿐이었다. 방마다 직원이 있었고 소박한 낱장 영문 자료를 비치해 두었는데 내용이 무서웠다.

외국인 관광객의 방문을 환영하는 분위기도 아니었다. 순전히 헝가리 국민을 위해 만든 박물관이었다.

영웅 광장·리스트 기념관·테러하우스에서 민족적 정체성과 역사에 대한 헝가리 사람들의 생각과 감정을 엿볼 수 있었다. 그들은 열등감과 자부심, 피해 의식과 책임 의식 사이에서 오래 방황했다. 한국 사람이라면 그게 무언지 느낌으로 안다. 우리 민족은 자신을 지키는데 능하다. 우리는 우리의 언어·문화·역사가 있다. 우리 민족은 대륙의 중국에 흡수당하지 않았고 해양 세력 일본의 침탈을 이겨냈다. 머저르 민족도 슬라브 세력권의 한가운데에서 5백 년 넘는 인고의 세월을 견딘 끝에 독립 공화국을 세웠다. 두 민족 모두 '보수'에 능하다. 그런 민족이 이민족의 지배를 받은 것은 혁신에 소극적이어서였다.

오늘의 헝가리 정치도 보수정당이 압도한다. 제1당은 보수당, 두 번째는 극우 정당이고 중도 진보 성향의 정당은 그다음 자리다. 그래서 유럽연합 회원국이면서도 시리아 난민 수용을 단호히 거부했다. 자기네가 당했던 부당한 억압의 역사는 분명하게 드러내면서도 이중 제국 시절 크로아티아를 비롯한 발칸 민족들의 독립투쟁을 오스트리아와 손잡고 짓밟은 일이나 영토를 회복하려는 욕심에 나치 독일과 손잡았던 사실은 입에 올리지 않는다. 개인이든 집단이든, 과거사를 일관성 있는 태도로 소화해 내는 것은 어려운 일이다.

테러하우스에서 시내 쪽으로 한 블록 떨어져 있는 오페라하우스(Budapesti Operaház)에서 언드라시 거리 탐사를 멈췄다. 1884년 개장한 르네상스 양식 오페라하우스는 언드라시 거리 전체를 설계한 건축가

정면에서 본 오페라하우스.

미클로스 이블(Miklos Ybl)의 작품인데 요제프 황제가 비용을 냈고 개관 행사에도 참석했다. 바실리카 신축작업을 중도에 넘겨받아 완수했던 이블은 태풍에 지붕이 날아가고 성당이 무너지자 괴로워하다가 스스로 목숨을 끊었다. 오페라하우스 정면의 뮤지컬 〈빌리 엘리어트〉 공연 홍보 걸개그림이 보이는 골목 초입의 레스토랑에서 늦은 점심을 먹었다. 파라솔 아래 노천 테이블에서 꿀을 발라 단맛을 낸 치킨구이와 농어 소금구이를 먹으며 적포도주를 마셨다. 접시에 밥이 한 덩이씩 딸려 나오는 게 마음에 들었다. 오페라하우스 덕에 호황을 누리는 식당답게 '오페라케이크'라는 후식이 나왔는데, 각설탕을 하나 넣은 에스프레소와 잘 어울렸다. 부다페스트에서는 맛집을 찾으려고 특별히 애쓰지 않았다. 어느 식당이든 괜찮았고, 때로는 놀랄 만큼 좋은 음식을 받았다.

부다 왕궁지구

딱 하루만 부다페스트를 본다면 아침 일찍 영웅 광장에서 출발해 언드라시 거리와 바실리카를 본 다음 세체니 다리를 도보로 건너 푸니쿨라를 타고 부다 왕궁지구에 들르고 해 진 후에 유람선을 타는 게 정답이다. 우리는 정확히 그 코스를 택했다. 다만 바실리카를 첫날 오후에 보고 도나우 유람선은 뒷날로 미룬 만큼 시간이 넉넉했기에 부다지구에서 늦게까지 느긋하게 저녁밥을 먹었다.

세체니 이슈트반 백작은 거액을 기부해 다리를 만듦으로써 도나우 양안의 부다와 페스트를 하나의 도시로 통합하는 길을 열었다. 런던 템즈강 교량을 만든 전문가들을 모셔와 10년 공사 끝에 1849년 개통했는데, 지금은 부다페스트 시내 구간에 철교까지 포함해 열 개 넘는 교량이 있지만 그전에는 하나도 없었다. 세체니 백작은 아버지의 장례식 때 강 건너 묘지까지 관을 옮기는 데 일주일이 걸리는 것을 보고 교량 건설을 결심했다. 세체니 다리는 수도를 통합함으로써 국가적 자부심의 상징이 되었고 지금은 관광객을 끌어모으는 명소가 되었다. 길지 않은 현수교여서 걷고 싶은 마음이 들었고, 밤에 조명이 들어오면 거대한 설치예술 작품으로 바뀌었다.

왕궁지구 초입에 청동으로 만든 커다란 새가 있었다. 헝가리 건국 설화에서 머저르 일곱 부족 연합체 지도자 아르파드를 부다페스트로 인도했다는 '투룰(Turul)'이다. 사방에 슬라브족과 게르만족이 포진한 지역으로 머저르 민족을 인도했지만 헝가리 사람들이 투룰을 원망하는 것 같지 않았다. 왕궁지구는 일단 들어오면 떠나고 싶은 마음이 생기지 않는 곳이었다. 부다 왕궁과 마차시 성당, 어부의 요새만 보아도 좋았다. 미로공원과 예술극장, 야외공연장, 군사역사 박물관 등 주변에 여러 문화공간이 있었지만 카페에서 강물과 건너편 페스트지구 원경을 바라보고 있자니 그런 곳에 갈 의욕이 생기지 않았다.

부다 왕궁지구는 건물이 크지 않아서 놀이공원에 온 기분이 들었다. 왕궁은 13세기 후반 신축했는데 몽골과 오스만제국의 침략, 합스부르크제국의 공격, 제2차 세계대전 연합군의 폭격 등으로 부서지고 새로 짓기를 반복했기 때문에 원래 모습이 어땠는지 알 수 없다. 지금의 왕궁은 20세기 후반 재건할 때 박물관으로 쓰기에 적합하게 구

세체니 다리의 페스트지구 쪽 입구.

조를 변경해 국립 현대 미술관, 부다페스트 역사 박물관, 국립도서관을 들여놓았다.

조각 작품들을 세워 둔 왕궁의 정원에서 도나우와 부다페스트를 멀리까지 볼 수 있었다. 북쪽 슬로바키아에서는 동쪽으로 흐르다가 헝가리에 들어와 남쪽으로 방향을 튼 도나우는 부다페스트를 동서로 가르며 흐른다. 머저르족은 '오부더'라고 하는 왕궁지구 북쪽의 언덕을 먼저 점령한 다음 도나우 우안 산과 구릉 지역을 장악해 도시를 만들었고 강 좌안의 평지 페스트지구로 세력을 확장했다. 세체니 다리를 시작으로 교량을 여럿 만든 이후에야 그 세 지구를 통합한 오늘의 부다페스트가 탄생했는데 주택·산업·행정은 페스트지구가 담당하고 부다지구는 문화관광사업으로 기울었다. 부다페스트 인구는 170만 명 정도 되는데 소수의 독일계와 집시를 제외하면 모두가 머저르족이고 국민 절반이 가톨릭 신도이다.

도나우 시내 구간의 섬도 다 보였다. 북쪽에서부터 오부더, 머르기트, 그리고 페스트지구와 붙은 체펠섬이다. 리스트 페렌츠 국제공항은 시내에서 불과 15킬로미터 거리에 있다. 1686년 합스부르크제국이 부다페스트를 점령한 이후 마리아 테레지아 집권기에 부다페스트는 경제적 번영을 이루었고 대학을 설립했으며 지식산업과 정치의 중심으로 떠올랐다. 1867년 요제프 황제가 시씨와 함께 마차시 성당에서 헝가리왕 대관식을 했고 1872년 분리되어 있던 오부다·부다·페스트를 통합했다.

마차시 성당(Mátyás templom)은 13세기 후반 고딕 양식으로 신축한 것을 15세기 후반 마차시 1세가 첨탑을 세우고 증축해 오늘과 같은 모습을 만들었다. 마차시 1세는 이탈리아 르네상스 시대의 역사적 변화를 받아들여 대학을 설립하고 출판을 장려했다. 크로아티아 지역 영토를 확보하고 빈을 점령하는 등 헝가리왕국의 황금 시대를 열었던 왕답게 증축한 성당에서 즉위식과 결혼식 같은 왕가의 주요 행사를 치렀다. 그러나 얼마 지나지 않아 부다페스트를 침략한 오스만제국 군대가 성당의 귀중품을 약탈하고 벽면의 프레스코에 회반죽을 칠했으며 중앙설교대를 뜯어내고 이슬람 설교대를 들였다. 성당은 백 년 정도 지난 후 합스부르크제국이 오스만제국을 밀어낸 덕분에 원래 지위를 되찾았다.

왕궁지구에는 이상한 방식으로 존재감을 과시하는 집이 하나 있었다. 마차시 성당 뒷마당에 들어선 호텔이다. 객실 창으로 도나우 야경을 즐길 수 있어서 한국의 신혼부부들이 묵고 싶어 한다는 이 호텔은 '미학적 폭력'으로 왕궁지구의 분위기를 해치고 있었다. 유네스코 세계문화유산인 왕궁지구 한가운데에, 성당을 덮어 누르는 것처럼 흉물스러운 호텔을 짓게 하다니, 서울 경복궁 뒷마당에 호텔을 지은 셈 아닌가. 혼잣말로 부다페스트 시청 공무원을 욕했는데, 알고 보니 1970년대 사회주의 시대에 지은 것이었다.

1956년의 헝가리 국민은 반소혁명을 일으켰다. 무력으로 혁명을 진압한 소련 정부는 헝가리 국민의 마음을 달래려고 몇몇 분야에서 자율권을 주었다. 헝가리 정부는 정치적으로는 소련을 따르면서 경제 분야에는 시장경제 요소를 조금씩 도입했다. 이윤 추구 활동을 일부 허용하고 소비재 생산 기업을 지원했으며, 관광산업을 육성하기 위해 서구 문화 유입을 용인했고 국제통화기금(IMF)에도 가입했

힐튼 호텔 객실 창문에 비친 마차시 성당.

다. 그런 정책 덕분에 헝가리는 배급제도를 시행하지 않고도 소비재를 문제없이 공급하는 데 성공했다. 그 시기에 왕궁지구뿐만 아니라 부다페스트 시내 곳곳에 국제적 체인 호텔이 들어왔다. 그래서 '굴라쉬 공산주의(goulash communism)'라는 말이 생겼다. 굴라쉬 또는 구야슈(gulyás)는 대표적인 헝가리 전통음식이다. '돈 버는 일을 권장하는 사회주의' 체제를 일찍 도입한 덕분에 헝가리는 이웃 국가들보다 순조롭게 시장경제 체제로 전환할 수 있었다.

'굴라쉬 공산주의' 자체가 잘못된 건 아니었다. 그 정책을 집행했던 관리들의 미학적 문화적 수준이 문제였다. 그 호텔은 1970년대 헝가리 공산당 간부들의 문화적 후진성을 증언하는 화석이다. 지금이라면 그곳에 호텔을 짓도록 허용하는 일은 상상조차 하기 어려울 것이다. 3백 개가 넘는 객실을 보유한 그 호텔 1층에서는 스타벅스 입점을 위한 인테리어 공사가 한창이었다. '그래, 마차시 성당과 어부의 요새가 지척에 있는 유네스코 세계문화유산 한가운데 있다는 사실을 홍보해 영업하는 호텔이니 저런 것 하나는 들어와야 하겠지.'

어부의 요새(Halászbástya)는 마차시 성당의 강 쪽 비탈에 지은 테라스다. '네오고딕 네오로마네스크 스타일'이라는 관광안내서의 표현은 직선과 곡선이 적당히 섞여 있다는 말로 해석하면 된다. 19세기에 쌓은 것으로 전쟁 때는 왕궁지구를 방어하는 성벽 역할을 했다. 돈대 역할을 했음직한 원형 탑에 고깔 모양의 지붕을 씌웠는데, 말을 타고 부다에 온 머저르 부족의 수와 같은 일곱 개였다. 특별한 의미를 찾기보다는 그냥 즐기면 되는 예쁜 건축물이었다. 테라스에서 도나우와 페스트 원경을 보는데 단정하게 정장을 한 헝가리 남자가 아랍계로 보이는 중년 남자한테 강 건너 국회의사당 꼭대기가 바실리카의 첨탑과 높이가 같은 이유를 성의 있게 설명하고 있었다. 큰손 바이어를 접대하는 영업사원 분위기가 풍겼다.

왕궁지구는 외관만 테마파크 같은 게 아니었다. 오가는 사람들도 놀이공원에 온 것처럼 젊고 활발했다. 해가 넘어가자 성당 앞마당의 이슈트반 동상 아래에서 청년 셋이 저마다 하나씩 악기를 연주하며 노래를 부르기 시작했다. 다음 주자는 혼자 기타를 치면서 노래하는 중년 남자였는데 3인조 버스커에 비하면 실력이 프로급이었다. 늦은 밤까지 릴레이 버스킹이 이어지는 성당 앞마당은 종교적 엄숙함과 아무 상관이 없었다. 합스부르크제국의 수도였던 빈과 헝가리왕국의 수도 부다페스트가 그렇게 다를 줄은 몰랐다. 빈이 정장을 입고 반듯하게 걷는 신사라면 부다페스트는 청바지에 티셔츠를 걸치고 아무데나 앉아서 노는 청년 같았다.

왕궁지구에 식당이 여럿 있었다. 입구에 세워 둔 메뉴 사진을 눈으로 스캔하며 다니다가 오래된 동네식당 분위기를 진하게 풍기는 집을 선택했다. 영어 메뉴의 굴라슈 수프를 손가락으로 찍으며 '디스 원'했는데, 정작 가져온 건 바로 아래 생선 수프였다. 그렇지만 매운 파프리카를 넣어 얼큰하게 맛을 낸 수프는 맛과 향이 다 괜찮았다. 추어탕과 매운탕을 합쳐놓은 맛이라고 할까?

메인 요리의 이름이 재미있었다. '헝가리안 레초(hungarian Lecso)'는 파프리카, 양파, 토마토, 소시지를 두껍게 썰어 볶은 음식인데 소시지에서 소간 맛이 났다. '캐슬 플레이트(castle plate)'는 불에 구운 소·돼지·닭고기에 푸아그라 한 조각과 밥을 곁들인 것이었다. '왕궁고기 어부의 요새, 아무 생각 없이 도나우를 바라보기에 좋은 공간.

모듬'쯤으로 번역할 수 있을 이 요리가 식당의 대표 음식 같았다. 헝가리안 레초 접시의 남은 국물에 밥을 비볐더니 닭갈비 식당의 볶음밥과 비슷했다. 식탁에는 곱게 빻은 파프리카 통이 놓여 있었는데 우리나라 고춧가루만큼 매웠다. 와인은 리스트에 있는 것을 100cc 또는 200cc 잔으로 가져왔는데 200cc 한 잔 값은 정확하게 한 병값의 1/4이었다. 빈보다는 가격이 훨씬 저렴해서 리스트 중간쯤 있는 와인을 주문했다. 달달하게 설탕을 녹인 에스프레소 커피로 입가심을 하는 것으로 하루 일정을 마감하고 세체니 다리를 건너 숙소로 돌아왔다.

국회의사당의 언드라시

매일 강행군을 할 수는 없는 일이라 다음 날은 느긋하게 호텔 조식을 먹고 지하철 M2로 국회의사당에서 제일 가까운 '코슈트 러요시 광장(Kossuth Lajos Tér) 역'까지 갔다. 러요시는 1848년 헝가리혁명이 실패로 끝나자 나라 밖으로 망명해 싸우다가 이탈리아 토리노에서 사망한 독립투사다. 부다페스트 야경의 슈퍼스타인 국회의사당은 오스트리아-헝가리제국 시대 귀족의회로 헝가리 건국 1천 년을 맞은 1885년 공사를 시작해 1902년 완공했는데, 민족적 자부심을 세우겠다며 설계부터 자재·기술·인력을 모두 자체 조달했다. 길이 268미터 폭 118미터로 크기가 국제규격 축구장의 두 배가 넘으며 대형 회의장만 열 개, 사무 공간은 7백 개나 된다. 높이가 100미터 가까운 돔 천장부터 동상이 즐비한 중앙 로비, 실내를 장식한 황금, 보석, 스테인드글라스까지 갖가지 건축양식을 뒤섞었다.

부다페스트의 건축물들은 민족적 자존감과 열등감을 동시에 보여주는데 국회의사당은 그 '끝판왕'이었다. 기나긴 세월 동안 자주권을 빼앗기고 문명의 흐름에 뒤처졌다는 열등감, 우리도 외부의 억압을 벗어나 무엇이든 이룰 수 있다는 자신감을 동시에 볼 수 있다. 언드라시 거리의 저심도 지하철에서 감지한 것과 같은 감정이었다. 내가 한국 사람이라서 더 예민하게 느꼈는지도 모르겠다. 사람이 파도처럼 밀려가고 밀려오는 의사당 광장의 언드라시 기마상도 그랬다. 예술적으로 세련되지는 않았지만 왜 그의 기마상을 하필이면 그곳에 세웠는지 알 수 있었다.

언드라시(Andrássy Gyula, 1823-1890)는 오늘날 슬로바키아공화국에 속하는 곳에서 태어났다. 자유주의 성향을 가진 백작의 아들이었던 그는 소년 시절부터 민족주의 정치 운동에 참여했고 세체니 이슈트반의 눈에 들어 스물세 살에 공직 생활을 시작했다. 1848년 귀족의회 의원으로 선출되었고 크로아티아 영토전쟁에 종군했으며 헝가리혁명 정부의 명에 따라 이스탄불로 파견되어 오스만제국 정부의 협력을 끌어내려고 했다. 혁명을 진압한 합스부르크제국은 그를 반역자의 두목으로 지목했다.

런던과 파리에서 십 년 망명 생활을 하면서 유럽의 정세와 사회 변화를 연구하고 외교를 공부한 끝에 언드라시는 정치적 급진주의와 결별하고 1858년 헝가리로 돌아왔다. 황제에게 사면을 청하지 않고 보수정당과 손잡지도 않은 채 헝가리 의회 부의장이 된 그는 빈의 제국 정부와 협상을 시작했다. 마침 프로이센과 전쟁을 벌이고 있었던 요제프 황제는 협상 제안을 받아들였고 언드라시는 절묘한 '윈윈전략'을 제시했다. 합스부르크제국을 헝가리왕국과 오스트리아왕국으로 분할하되 두 왕국의 왕을 요제프 황제가 겸직하고 헝가리의 내치는 총리를 따로 지명해 맡기는 방안이었다. 1867년 대타협이 성립해 오스트리아–헝가리 이중제국이 출범했고 언드라시는 헝가리왕국의 총리직과 제국의 외무장관 자리를 받았다.

이러한 역사적 대타협의 과정에서 시씨가 어떤 역할을 했는지는 명확하게 밝혀지지 않았지만 헝가리 민중은 헝가리와 언드라시를 좋아했던 황후가 남편을 강력하게 설득했다고 믿었다. 언드라시는 10년 넘게 총리직을 수행한 후 일선에서 물러나 의원으로 활동하다가 1890년 세상을 떠났고 두 아들이 뒤를 이어 정치인이 되었다. 그는 유럽의 정치정세에 큰 영향력을 행사한 최초의 헝가리 사람이었고 머저르공화국의 기초를 만든 정치인이었다. 미학적으로는 칭찬하기 어려울 정도로 큰 언드라시 기마상은 그가 헝가리 국민의 마음에 심어준 민족 자부심의 크기를 반영한 것이다.

너지 총리의 동상

강을 따라 길게 자리를 잡은 국회의사당 북쪽 면에 안내센터가 있었다. 여러 정부 청사와 독립기념 광장·기념관·민속 박물관·호텔·은행·레스토랑·외교공관이 산재한 이 지구는 헝가리의 정치·관광·문화·상업 중심지라고 할 수 있다. 여기서 인상 깊은 역사 인

민족 자부심의 크기를 보여주는 국회의사당 광장의 언드라시 기마상.

물 너지 임레(Nagy Imre, 1896-1958) 총리를 만났다. 국회의사당 마당 지하에 검은색 돌로 입구 계단을 만든 '1956년 10월 25일 추모관'에 그가 있었다. 그날은 '피의 목요일', 소련군과 헝가리 국가보위부 군인들이 국회의사당 일대에서 시민과 학생들을 학살했다. 점심을 먹으려고 강 반대편 거리 쪽으로 의사당 광장을 나오다가 다른 모든 동상과 완전히 다르게 생긴 동상을 보았다.

상업지구 초입 길모퉁이 자투리 공원에 얕게 물을 담은 인조대리석 수반이 있었고, 그 위에 설치한 좁은 아치형 다리에 등신대 동상이 보였다. 청소년 열댓 명이 다리 초입에 옹기종기 앉은 채 중년 여성의 말을 듣고 있었는데, 수학여행을 온 학생과 교사임이 분명했다. 동상의 주인공을 검색했다. 그윽한 미소를 띤 채 안경 너머로 국회의사당을 바라보고 있는 그 남자는 너지 임레였다. 그렇게 따뜻한 느낌을 주는 동상은 처음이었다. 다리에 올라가 조심스럽게 그를 안아보았다.

1956년 10월 23일부터 17일 동안이었다. 헝가리의 반소혁명 또는 민주화 운동은 참혹한 패배로 끝났다. 제2차 세계대전 직후 스탈린의 제자임을 자처하며 정권을 세운 라코시 마차시(Rákosi Mátyás)는 정치적 경쟁자들을 '티토주의자'로 몰아 제거하고 산업 국유화와 농업 집단화를 밀어붙여 국민경제를 나락에 빠뜨렸다. 1953년 스탈린이 죽고 흐루쇼프가 집권하자 개혁파 정치인 너지 임레가 정권을 잡고 자주노선을 표방하며 서방과 관계 개선을 시도했다. 소련 정부가 개입해 정권을 교체하려는 움직임을 보이자 부다페스트의 학생, 지식인, 예술가들은 공산당 독재를 비판하는 대중 운동을 시작했다.

이보다 인자하고 다정할 수는 없을 너지 임레 총리의 동상.

10월 23일 부다공대 학생들이 벌인 시위에 시민들이 합세했다. 그들은 도심을 장악하고 스탈린 동상을 쓰러뜨렸으며 무력 진압에 대비해 무장을 갖추었다. 다음날 소련군이 부다페스트에 진입하자 헝가리 군대 일부가 혁명에 가담해 시가전을 벌였다. 시위가 다른 도시로 번진 10월 25일 국회의사당 광장에서 소련군과 헝가리 국가보위부 요원들이 시민들을 학살했다. 혁명군이 국회의사당을 점거하고 무력항쟁을 시작하자 라코시를 비롯한 강경파는 소련으로 도망쳤고 너지 총리는 체제 전환을 위한 개혁 조치를 서둘렀다. 그가 다당제 도입, 바르샤바조약기구 탈퇴, 소련군의 철수 등 파격적인 개혁안을 발표하자 흐루쇼프는 전차를 앞세운 대규모 병력을 동원해 부다페스트를 공격했다. 너지 총리는 라디오 방송에 나와 소련군의 침략 사실을 세계에 알렸지만 국제사회는 실제적인 도움을 줄 수 없었다. 소련군이 헝가리 전역을 장악하고 무장해제를 요구하자 일부 군인들이 무기를 들고 혁명군에 합류했다.

부다페스트의 혁명군은 화염병을 던지면서 1주일을 버텼지만 소련군을 당해내지 못했다. 사망 실종 3천여 명과 부상자 2만여 명을 남기고 반소혁명은 끝났다. 소련군도 7백여 명이 죽고 1,500여 명이 부상을 입었다. 전쟁이나 다를 바 없는 사태였다. 소련군은 너지 총리를 루마니아로 끌고 가 죽이는 등 350명 넘는 헝가리 사람을 반혁명 죄로 처형했다. 수많은 지식인·작가·예술가·엔지니어·정치인들이 헝가리를 탈출했다. 1989년 6월 부다페스트에서 치른 너지 총리의 뒤늦은 장례식에는 수만 명의 시민이 참석해 애도했다. 햇빛을 받아 하얗게 빛나는 국회의사당 마당에서 아무 걱정 없는 얼굴로 도나우를 구경하는 관광객들을 보면서 김춘수 선생의 시를 떠올렸다. 내가 태어나기도 전에 벌어졌던 그 정치적 참극을 나는 그 시로 배웠다.

다뉴브강의 살얼음이 지는 동구의 첫겨울/ 가로수 잎이 하나 둘 떨어져 뒹구는 황혼 무렵/ 느닷없이 날아온 수발의 쏘련제 탄환은/ 땅바닥에/ 쥐새끼보다도 초라한 모양으로 너를 쓰러뜨렸다./ 순간,/ 바숴진 네 두부는 소스라쳐 30보 상공으로 튀었다./ 두부를 잃은 목통에서 피가/ 네 낯익은 거리의 포도를 적시며 흘렀다./ 너는 열세 살이라고 그랬다./ 네 죽음에서는 한 송이 꽃도/ 흰 깃의 한 마리 비둘기도 날지 않았다./ 네 죽음을 보듬고 부다페스트의 밤은 목 놓아 울 수도 없었다./ 죽어서 한결 가벼운 네 영혼은/ 감시의 1만의 눈초리도 미칠 수 없는/ 다뉴브강 푸른 물결 위에 와서/ 오히려 죽지 못한 사람들을 위하여 소리 높이 울었다.

부다페스트대학의 한국학과 교수가 쓴 책《헝가리 부다페스트로: 1956년 헝가리혁명과 북한 유학생들》(초머 모세 지음, 지문당, 2013)에 북한 유학생들도 혁명에 참여했다는 사실이 나와 있다. 헝가리 정부는 1951년부터 한국전쟁 이후까지 수백 명의 북한 고아를 받아들여 생활 시설과 초등학교를 마련해 주었고 공과대학을 중심으로 유학생도 받아들였다. 한국전쟁을 경험한 부다공대의 북한 유학생들은 헝가리 학생들에게 기관총 사용법을 가르쳤고 시민군을 지원하는 활동을 벌이기도 했으며, 몇 사람은 오스트리아 국경을 넘어 서방으로 탈출해 미국으로 망명했다.

빈농의 아들로 태어나 석공 일을 배우다가 제1차 세계대전 때 전쟁포로가 되기도 했던 너지 임레는 공산주의자였다. 사회주의 정부를 세우는 데 참여했고 국제공산주의조직 코민테른의 헝가리 대표를 지냈다. 그러나 그는 농민과 노동자들이 식량 부족에 신음하는 현실을 보고 정책 노선의 전환을 결심했다. 강제 수용소를 폐쇄하고 집단농장을 해체하는 한편 서방국가와 관계를 개선하고 자율과 창의를 존중하는 사회를 만들려고 했다. 내가 만난 동상은 그의 사람됨을 보여주고 있었다. 얼마 전 헝가리 정부가 너지 총리의 동상을 1킬로미터 정도 떨어진 의사당 북쪽의 한적한 광장으로 이전했다는 뉴스를 보았다. 푸틴과 친밀하다고 알려진 오르반 빅토르 총리가 너지 후손들이 반대하는데도 동상을 이전함으로써 그를 정치적으로 격하했다는 논평이 뒤따랐다. 그러나 너지 총리는 그곳에서도 변함없이 헝가리 국민의 사랑을 받으며 다뉴브를 지켜볼 것이라 나는 믿는다.

강변에 남은 구두

국회의사당의 언드라시 기마상 근처에서 강변으로 이어지는 계단을 내려가 세체니 다리 쪽으로 걸었다. 강변에 금속으로 만든 남녀노소의 신발 수십 켤레가 놓여 있었다. 그 신발의 주인들은 총을 맞고 강에 버려졌다. 그곳에 그게 있다는 사실을 알고 갔는데도 눈물이 났다. 그저 무섭기만 했던 테러하우스와는 달랐다. 그렇게 작은 조형

물이 그토록 강렬한 감정을 불러일으킬 줄은 몰랐다. 빗물이 깨끗하
게 고인 구두 너머로 도나우의 탁류가 거칠게 흐르고 있었다.

합스부르크제국이 유대인을 너그럽게 대했기 때문에 헝가리에
는 유대인이 많았고 부다페스트에 큰 게토가 있었다. 나치는 80만 명
넘었던 헝가리 유대인 가운데 60만 명을 죽였다. 43만여 명을 열차
에 태워 아우슈비츠를 비롯한 수용소로 보낸 1944년 5월부터 7월까
지가 학살의 절정기였다. 나치는 유대인들을 상대로 생체실험을 하
고 강제노역을 시켰으며 빼앗은 돈과 귀금속을 소위 '황금열차'에 실
어 베를린으로 가져갔다. 독립할 때 루마니아와 체코슬로바키아 등
에 영토와 인구를 절반 넘게 빼앗겼던 헝가리 정부는 그것을 되찾으
려고 나치와 협력했다가 소련군에게 점령당했다. 권력을 잡은 헝가
리 공산주의자들은 소련의 간섭과 지배를 받아들였지만 민중은 그렇
지 않았다. 오스만제국과 합스부르크제국뿐 아니라 나치 독일과 소
련도 민족의 자주권을 억압하는 외세로 여겼다. 너지 임레 총리의 개
혁정책과 시민들의 반소 무장투쟁의 동력은 그런 정서였다.

강변의 구두는 유대인들의 가슴 미어지는 참극과 헝가리 사람들
의 지워버리고 싶은 범죄행위를 되살린다. 거기서 유대인을 학살한
범인은 독일이 아니라 헝가리 사람들이었다. 독일 군대가 소련군에
게 밀려 부다페스트를 떠나자 나치당의 헝가리 버전인 '화살십자당
(Nyilaskeresztes Part)'의 살라시(Szálasi Ferenc)가 권력을 장악하고 1944년 11
월부터 소련군이 들어온 1945년 2월까지 다뉴브 양편 둑에서 1만 명
넘는 유대인을 총살했다. 헝가리인은 테러하우스에서는 피해자로, 다
뉴브 강변에서는 가해자로 남아 있었다. 안내 책자에 이곳을 볼거리

도나우 강변의 유대인 학살 현장.
희생자의 구두를 재현한 추모 작품이 놓여 있다.

로 소개한 부다페스트 관광청을 칭찬해주고 싶었다. 과거사 정리와 관련해 원칙과 일관성을 지키려고 노력하는 것 같아서.

부다페스트는 아름다웠다. 그렇지만 슬픈 건 또 그대로 슬펐다. 단것을 먹으면 슬픔이 덜어질까 해서 구도심의 유명한 카페에 들렀다. 19세기 부다페스트의 예술가들이 즐겨 찾았고 시씨의 단골집이기도 했다는 그 카페에서 카라멜 프라페와 카푸치노를 마시고 산딸기 요구르트 케이크를 먹었다. 시씨는 그 집을 '부다페스트의 보석'이라고 했다지만 너무 달아 내 취향에는 맞지 않았다. 벽에 창업자로 보이는 커다란 남자의 초상화가 걸려 있었는데 독일어로 써놓은 안내문을 보니 이름이 '쿠글러(Kugler)'였다. 유럽의 성씨는 직업을 나타내는 경우가 많다. 쿠글러는 공이나 총알을 가리키는 명사 쿠겔(Kugel)에서 파생했다. 총알과 대포알이 아니라 동그란 아이스크림과 과자를 만든 그 남자는 넥타이까지 맨 양복 차림으로 카페 고객들을 내려다보고 있었다.

겔레르트 언덕의 치터델러

이틀 동안 부다페스트 시내를 충분히 살펴보았고 셋째 날은 겔레르트 언덕(Gellért hegy)과 메멘토 파크(memento park)에 다녀오는 데 썼다. 겔레르트 언덕은 도나우 우안 부다 왕궁지구 남쪽의 에르제베트 다리(Erzsébet híd)와 자유의 다리(Szabadság híd) 사이 구간에 높이 솟아 있다. 에르제베트와 겔레르트는 엘리자베트 황후와 이탈리아 베네치아 출신 제라르도(Gerardo)의 헝가리식 이름이다. 1046년 반란군이 헝가리의 첫 가톨릭 주교였던 겔레르트를 죽여 강에 던진 사건 이후 사람들이 그 언덕에 주교의 이름을 붙였다고 한다. 버스가 에르제베트 다리를 건너 언덕을 오를 때 시씨와 겔레르트의 동상을 보았다. 시퍼렇게 녹슨 청동상이라 가까이 가고 싶지는 않았다.

겔레르트 언덕 꼭대기에 서니 도나우가 멀리까지 보였고 부다페스트 전체가 한눈에 들어왔다. 서울로 치면 남산 같은 곳이었다. 언덕은 두 겹 성벽이 있는 군사 요새였는데, 벽돌로 높이 쌓은 치터델러(Citadella, 內城)는 옛 모습 그대로 남아 있었다. 오스만제국과 합스부르크제국 군대는 여기서 도시를 내려다보며 반란 징후를 탐지했고, 바로 그 이유 때문에 지금은 관광명소가 되었다. 치터델러에는 관광객이 정말 많았다. 부다페스트에는 바실리카보다 높은 건물이 없어서 도시 전체를 볼 수 있는 데가 없다. 부다페스트 전체를 조망하고 싶은 사람은 반드시 치터델러에 가야 한다.

치터델러에는 시내에서도 보일 정도로 높고 큰 조형물이 있다. 가서 보니 이름이 자유기념탑(Szabadság szobor)이었는데, 사회주의 냄새가 심하게 나서 이름과 전혀 어울리지 않았다. 그곳만 그랬던 게 아니다. 부다페스트에는 광장과 교량 등 '자유'가 들어간 건축물과 공간이 흔한데 연혁을 살펴보면 대부분 민족 해방과 관련한 곳이었다. 헝가리인에게 자유는 개인이 아니라 민족의 자유인 것 같았다. 오랜 세월 외세의 억압을 받은 민족이니 그럴 수밖에 없었을 것이다. 탑 꼭대기에는 두 손으로 종려나무 잎을 받쳐 든 여인이 있었고 아래에는 횃불을 든 남자가 도약하려는 자세를 취하고 있었다.

자유기념탑은 소련군이 나치 군대를 쫓아내고 헝가리를 해방한 것을 기념하여 1947년 만들었다. 설계자들은 전체주의와 유대인 박해를 공공연하게 비판했던 공군 파일럿의 어린 시절을 형상화하려 했는데 소련 측에서 종려 잎으로 바꾸었다. 원래는 헝가리어와 러시아어로 "해방군 소비에트 영웅들을 기억하며 감사하는 마음으로 헝가리 인민이 1945년 건립하다"라는 글을 새겼지만 1989년 "헝가리의 독립, 자유, 번영을 위해 목숨을 바친 모든 이를 기리며"로 바꾸었다. 러시아어 문장은 당연히 지워버렸다. 탑 아래 있던 조형물도 넷 가운데 둘은 뜯어내 메멘토 파크에 갖다 놓았다. 소련과 머저르의 만남을 찬양하고 소련군을 해방자로 치켜세웠던 해방기념탑이 헝가리 민족주의를 드러내는 자유기념비탑으로 변신한 것이다.

시내에서는 한국인 여행자를 별로 보지 못했는데 치터델러에서 대규모 단체관광객과 마주쳤다. 한 분이 미리 챙겨왔다면서 시원한 물을 가방에서 꺼내 주었다. 내공이 만만치 않은 여행자임이 분명했다. 겔레르트 언덕의 매점 생수가 시내 편의점보다 서너 배 비싸기에 갈증을 참고 있던 참이었다. 부다페스트를 가려는 독자를 위해 한 마디 덧붙여 둔다. 겔레르트 언덕에 갈 때는 버스를 갈아타야 하기 때문에 동선을 미리 검색해 두어야 한다.

메멘토 파크

메멘토 파크는 세상에 하나뿐인 공원이다. 지하철 4호선 종착역

겔레르트 언덕의 자유기념탑,
원래는 소련군을 칭송하는 해방기념탑이었다.

버스터미널에서 한참을 기다렸다가 탄 150번 노선버스는 여러 마을을 돈 다음 남쪽으로 부다페스트 시내를 완전히 벗어난 국도변에 우리를 내려놓았다. 사회주의 시대의 기념비와 조각상을 노천 흙바닥에 전시한 이 공원은 시의회가 디자인을 공모해 소련군 철수 2주년이었던 1993년 6월 문을 열었다. 그저 공산 독재의 유물을 보여주려고 만든 공원이 아니었다. 메멘토 파크는 '민주주의만이 독재에 대해 생각할 기회를 제공한다'는 명제를 구현하고 있었다.

공원 진입로의 '증언 광장', 높은 받침대에 올려놓은 커다란 부츠 한 켤레가 우리를 맞아주었다. 1956년 부다페스트 시민들이 쓰러뜨렸던 스탈린 동상의 발을 '재창조'한 그 작품은 메멘토 파크가 반소 민주주의혁명의 산물임을 선포하는 듯했다. 매표소를 지나자 '폭정에 대한 유죄선고'라는 이름의 조각 전시장이 나타났다. 공원 구조는 지극히 단순했다. 광장 가장자리를 따라 부다페스트에서 가져온 기념비와 동상 마흔두 개를 놓아두었다. 동상은 세 종류였다. 부다페스트를 나치 독일에게서 해방한 소련군의 업적을 기리고 소련과 헝가리의 친선관계를 드러낸 것, 사회주의혁명 운동의 동력이었던 노동자와 군인들의 힘을 표현한 것, 그리고 국제공산주의 운동과 헝가리 공산당의 지도자들을 예찬한 것이다.

대부분 돌이나 청동으로 만든 전시품들은 공산주의 사상과 사회주의체제의 영속을 바랐던 제작자들의 소망과 달리 그 사상의 오류와 체제의 몰락을 증언하는 화석이 되었다. 공원 홈페이지에 올려놓은 작품과 창작자에 대한 정보를 살펴보았더니 내가 이름을 들어본 이는 하나도 없었다. 그들은 어떤 감정을 품고 작업했을까? 마음

이 설레고 가슴이 두근거렸을까. 사회주의체제가 몰락한 후 그들은
어떻게 되었을까. 예술 활동을 계속했을까? 메멘토 파크의 '사회주의
예술'을 보면서 나는 고대 로마의 개선문과 황제들의 동상, 유럽 중
세의 왕과 귀족 초상화 같은 것들을 떠올렸다. 큐비즘 기법을 적용한
마르크스와 레닌의 흉상, 가까이 가면 작품 전체를 볼 수 없을 정도
로 거대한 군인과 노동자의 군상들이 그것과 다를 게 있는가? 아무리
봐도 새롭거나 아름다운 예술품은 아니었다.

　　사회주의체제와 사상을 선전하려고 만든 '관제 조형물'이었지만
예술성과 역사적 의미를 부여할 수 있는 작품이 전혀 없는 것은 아니
었다. 메멘토 파크에 두기는 아까운 것도 있었다. 돌과 청동으로 제작
한 〈스페인 국제여단의 머저르 전사들〉(1968)이 특히 그랬다. 그 작품
의 제작자는 마크리스 아가멤논(Makrisz Agamemnon), 원래 있던 곳은 국
회의사당 근처 광장이었다. 마크리스 아가멤논은 그리스 출신 조각
가 메모스 마크리스의 헝가리 이름이다. 아테네예술학교에서 공부했
고 젊어서부터 조각가로 두각을 나타냈던 그는 나치에 맞선 전사였
다. 전후 파리에서 활동하다가 헝가리로 망명해 국적을 바꾸었지만
그리스가 민주화를 이루자 고국으로 귀환해 전시회를 열기도 했다.

　　〈스페인 국제여단의 머저르 전사들〉은 마크리스가 헝가리 망명
시절 제작한 작품이다. 국제여단은 1936년 프랑코 장군의 쿠데타군
과 맞서 싸운 의용군이다. 스페인 공산당이 국제사회의 지원을 호소
하자 유럽과 북아메리카 스무 개 나라의 지식인과 청년들이 모였는
데, 당시 입헌군주제였던 헝가리왕국에서도 1,500여 명이 국제여단
에 들어갔다. 공산주의자뿐만 아니라 여러 성향의 지식인들이 참여

마크리스 아가멤논의 작품 〈스페인 국제여단의 머저르 전사들〉,
메멘토 파크에 두긴 아까웠다.

한 국제여단은 '인류의 양심'을 걸고 파시즘과 싸웠다는 평가를 받았다. 영국 처칠 총리의 조카 에스먼드 로밀리를 비롯한 자유주의자와 어니스트 헤밍웨이, 조지 오웰 등 작가들도 그 대열에 섰다. 주제도 훌륭하고 크기도 적당하며 예술적 감정도 느껴지는 그 작품이 메멘토 파크에 유배된 것은 헝가리 공산정권이 마크리스에게 지나치게 융숭한 대접을 한 탓일 것이다.

기념품점에서 새로 제작했음직한 사회주의 시절의 생활소품을 판매하고 있었다. 별 달린 모자, 계급장, 훈장, 군복, 여권, 그야말로 없는 게 없었다. 공원 안내 책자와 레닌의 초상이 그려진 양철 컵을 샀다. 레닌 컵은 집 식탁에 놓고 과자 그릇으로 쓰다가 연필통으로 적당해 서재 책상에 두었다. 조잡하게 인쇄한 레닌의 초상은 종종 내게 말을 건넨다. "이상주의도 지나치면 좋지 않더라구."

유대인지구의 루인 바

해 질 무렵 시내로 돌아와 유대인지구를 둘러보고 '루인 바'에서 저녁 시간을 보냈다. 바실리카 동남쪽으로 십 분 정도 골목을 걸어 도착한 유대인지구의 중심은 3천 명이 한꺼번에 예배를 보았다는 시너고그였다. 그것이 유럽에서 가장 큰 유대인 회당이었다는 사실은 부다페스트의 게토가 유럽 최대 유대인 주거지였음을 의미한다.

시너고그가 문을 닫은 시간이라 담장 밖에서 출입문 틈으로 구경했다. 리스트가 종종 오르간 연주를 했던 그 회당은 거대한 묘지였다.

나치는 그곳을 강제 수용소로 썼고 유대인들은 안뜰에 2천여 구의 희생자 시신을 묻었다. 정원에 세운 '우는 나무', 은으로 만들어 하얗게 반짝이는 나무를 보며 잠시 애도의 시간을 보냈다. 골목 곳곳에 유대 음식 전문식당과 문화공간이 흩어져 있었다. 유대문화 전문 서점에서 부다페스트 유대인의 역사를 기록한 영문판 책을 샀다.

시너고그 골목 끝에 부다페스트의 새로운 명소 '루인 바(ruin bar)'가 있었다. 도착한 날 저녁밥을 먹은 호텔 근처 동네식당에서 부다페스트 관광청이 공식 발간한 안내 책자를 얻었는데, 꼭 보아야 할 명소 열 군데를 소개하고 숙박, 음식, 교통 등 여행 정보를 알려준 그 책자 표지가 루인 바 사진이었다. 버려진 공장건물 두 개를 연결해 만든 복합형 술집 루인 바는 부다페스트에서 일어나고 있는 문화적 변화를 보여주었다. 유대인지구 건물은 대부분 19세기 후반에 지었는데, 집주인들이 학살당하거나 탈출한 탓에 폐허가 되었고 사회주의 정부는 방치했다. 그런데 체제가 바뀌자 반짝이는 아이디어를 가진 청년들이 나타나 그곳에 '힙한' 공간을 창조했다. 2001년 영업을 시작한 심플라 케르트(Szimpla Kert, 꾸미지 않은 정원)를 시작으로 스무 개 넘는 술집이 들어왔다. 비슷한 루인 바 또는 루인 펍이 여기저기 생겼지만, 원조인 유대인지구의 루인 바가 가장 유명하고 손님도 많다.

골목에는 담배를 꼬나문 청소년들이 서성였고 가정집 출입문처럼 좁은 입구에는 간판도 없었지만 민머리에 연두색 형광 티셔츠를 입은 근육질 청년들이 가방 검사를 하고 있어서 쉽게 찾았다. 이슬람 무장조직의 테러와 추종자들의 흉기 난동 사건 때문이었다. 선량하게 생긴 아시아인이라 그런지 아내의 가방은 들추어보지 않았다. 폐

유대인지구 시너고그 안뜰에 선 '우는 나무',
나무 아래는 거대한 무덤이다.

건물, 녹슨 철제 계단, 마당에 걸린 원색의 천 장식, 당장 갖다버려도 아깝지 않을 탁자와 의자들, 제각각인 실내장식, 루인 바에는 어떤 규칙도 질서도 없는 것 같았다. 주인장의 취향 따라 바마다 다른 음악이 나왔고 술과 음료도 제각각이었다. 딱 하나, 규칙이라고 할 만한 걸 보기는 했다. 바에서는 '액체'만 판다는 것이다. 맥주, 보드카, 위스키, 칵테일, 커피, 홍차, 마실 것은 어디나 있었지만 '고체'를 파는 곳은 딱 하나였다. 사람들은 커다란 철판에 무엇이든 구워 주는 마당 한편 노점의 '고체'를 접시에 담아 들고 저마다 점찍은 바에서 '액체'를 마셨다. '액체'도 '고체'도 다 저렴했다.

오래 머물 수는 없었다. 사람이 너무 많았고, 무리마다 다른 언어로 떠들었다. 어둠이 내리고 빈자리가 없어지자 다들 선 채 술을 마시고 담배를 피웠다. 환갑을 넘긴 내가 감당하기는 어려운 분위기였다. 호텔 쪽으로 가다가 '라멘가'라고 일본어 간판을 붙인 식당을 보았다. 열흘 가까이 아시아 음식을 한 번도 먹지 않은 터라 반가운 마음으로 들어갔다. 아뿔싸, 음식을 받고 보니 '라멘'도 아니고 '라면'도 아닌, 정체 모를 해초와 채소를 넣은 일본식 된장국에 소면을 넣은 것이었다. 오픈 주방에서 열심히 음식을 만드는 남자한테 물어 보았다. "라면 만드는 거 어디서 배웠어요?" "셰프가 일본에서 배워 왔어요." "셰프는 어딨어요?" "출타 중이에요." 나는 그가 일본에서든 어디든, 라면도 라멘도 배운 적이 없을 거라 확신했다. 유럽에서는 역시 현지 음식이 정답이다.

2층 카페에서 내려다본 루인 바, 부다페스트 문화의 새로운 흐름을 보여준다

시씨의 여름별장 괴델레궁

마지막 날은 느긋하게 일어나 멀리 소풍을 나갔다. 부다페스트 동쪽 근교의 괴델레궁(Gödöllői Királyi Kastély)으로 가는 광역노선(HEV) 기차를 기다리면서 지하철 2호선 종점 대합실의 빵집에서 카푸치노와 에스프레소를 섞어 마셨다. 한국 믹스커피 맛이 그리울 때 쓰는 방법이다.

한국의 옛 비둘기호 열차를 연상시키는 기차를 타고 괴델레궁역까지 가는 데 40분 남짓 걸렸다. 나이가 든 여자 승무원이 승차권을 보자 하기에 부다페스트 카드를 내밀었더니 뭐라 뭐라 말을 하면서 손바닥을 내밀었다. 한 마디도 알아듣지 못했지만 분위기와 몸짓으로 미루어 무슨 말인지 짐작했다. "이 카드는 안 되니까 차비를 내야 해요." 아내가 카드 뒷면의 깨알만 한 글씨를 가리키면서 한마디 했다. "여기 헤브(HEV) 타도 된다고 나와 있어요. 보세요!" 두말없이 돌아서 간 걸 보면 영어를 할 줄 알면서도 일부러 형가리 말만 했음이 틀림없다. 눈을 똑바로 뜬 덕에 코를 베이지 않고 승하차 플랫폼만 있는 간이정거장에 내렸다. 무척 멀리 온 느낌이 들었다.

괴델레궁을 보기 전에 적당히 점심을 때우려고 반대편 마을로 갔다. 초입 큰 네거리의 우체국과 은행지점이 있는 현대식 상가건물 2층에 카페/레스토랑이 있기에 별 기대 없이 들어갔다. 실내장식은 가벼운 음료와 스낵을 내놓을 분위기였는데 작은 칠판에 분필로 무언가 써놓은 걸 보니 식당이 맞긴 맞았다. 우리는 그게 헝가리 말로 적은 '오늘의 점심'이 아닐까 추측했는데 정말 그랬다. 헝가리 맥주를 주문하고 잠시 메뉴를 탐색했다. '디젤(Diesel)'이라는 낯선 상표가 붙은 맥주가 나왔다. 맥주에 콜라나 커피를 섞은 걸 디젤이라고 하기도 하던데, 그것은 다행히 보통 맥주였다.

손님이 여럿 있었는데 모두 동네 사람 같았고 같은 음식을 먹는 중이었다. 널따란 접시에 넉넉한 양의 샐러드와 얇게 저민 돼지고기 구이를 푸짐하게 담았고 수프도 함께 제공했다. 칠판에 쓴 '오늘의 점심'이었다. 제대로 하는 식당이라는 느낌이 들었다. '차가운 해물수프'와 연어스테이크, 돼지안심구이를 주문했다. 좋은 선택이었다. 유럽 여행을 시작한 이래 그렇게 가성비 높은 점심은 처음이었다. 가격은 평범했지만 음식의 맛과 품격은 훌륭했다.

수프는 대하, 꼴뚜기, 오징어 링을 불에 굽고 미리 만들어 식혀둔 진초록색의 콩물을 부은 것이었다. 해물 맛과 불 향, 국물의 차가

움과 고소함이 잘 어울렸다. 연어 스테이크는 센 불에 구워 겉은 갈
색으로 바삭하고 속은 촉촉했다. 음, 겉바속촉이군! 럭비공처럼 가운
데가 살짝 부풀어 오른 안심구이는 초벌 쪄서 기름 두른 프라이팬에
눌러 굽지 않았나 싶었다. 완두콩 분말과 튀김가루를 섞은 옷을 얇게
입힌 게 특이했다. 홀 담당 젊은이가 앞치마를 두르고 있기에 셰프냐
고 물었더니 수줍은 표정으로 셰프는 주방에 있다고 했다. 나올 때
젊은 셰프가 인사를 하기에 오늘 점심은 우리에게 큰 행운이었다고
덕담을 해주었다.

　이렇게 말하고 보니 마음에 걸리는 게 있다.《유럽도시기행》1권
로마 편에서 산탄젤로성 꼭대기 카페를 소개했는데, 어떤 독자가 그
곳 음식이 부실하고 서비스도 신통치 않았다는 제보를 해 왔다. 분위
기로 미루어 음식도 괜찮을 것 같다고 했는데 실수였다. 또 그런 일
이 있을까 걱정스러워서 검색해 보았다. 방문 후기와 음식 사진은 많
이 떴는데 레스토랑 웹사이트가 열리지 않았다. 문을 닫았나 의심이
들지만 그 정도로 가성비 좋은 식당이 폐업했을 가능성은 크지 않다
고 생각한다. 코로나19 대유행 때문에 일시 휴업하고 있었는지도 모
르겠다.

　궁이라고도 하고 성이라고도 하지만 괴델레는 궁도 성도 아니
었다. 황후가 즐겨 찾은 시골 별장이라고 하는 게 적당할 법했다. 집
도 가구도 정원도 호프부르크나 쉰브룬 궁전에는 비할 수조차 없을
정도로 작고 소박했다. 거실 벽에 권총 자살로 생을 마감했던 루돌
프 황태자의 초상화가 걸려 있었다. 그의 우울한 표정은 어머니 시
씨의 감정을 나타내는 것 같았다. 별장 뒤편에는 산책하기에 적당한

소박한 일상을 좋아한 시씨의 품성을 닮은 듯한 괴델레궁의 뒤 정원.

규모의 풀밭을 나무가 둘러싸고 있었다. 흙길을 따라 정원 한가운데 분수대를 지나 나무들 사이를 걸으며 왕가의 식솔이 된 듯한 기분을 즐겼다. 나도 빈의 왕궁보다 그곳이 좋았다. 다만 한나절 시간을 다 써야 하기에, 여유롭게 부다페스트를 여행하는 경우가 아니라면 굳이 가보라고 권하고 싶지는 않다.

부다페스트의 밤 풍경

부다페스트의 마지막 밤을 도나우 유람선에서 맞았다. 대형 유람선에서는 헝가리 전통춤 공연이나 피아노 연주회를 하며 저녁 뷔페를 제공한다는 걸 알았지만 야경을 보는 게 목적이라 탑승료가 싼 소형 유람선을 탔다. 머르기트 다리

근처 선착장에서 출발해 세체니 다리와 에르제베트 다리를 지나 자
유의 다리 근처까지 갔다가 돌아왔다. '배달맨'이 배가 유턴한 자유의
다리 선착장에 기다리고 있다가 승객들이 주문한 미니 피자를 올려
주었다. 다 식어서 별맛은 없었지만 흔들리는 선상에서 먹는 재미는
괜찮았다.

　일부러 그랬던 건 아니지만 부다페스트 마지막 일정은 도나우 야
경 감상이 최선의 선택이었던 것 같다. 좋은 감정만 느끼면서 작별할
수 있어서다. 해가 넘어가자 부다페스트는 더 밝고 더 아름다워졌다.
부다의 겔레르트 언덕과 왕궁단지에 조명이 들어왔고 국회의사당과
바실리카를 비롯한 페스트의 공공건물도 화사한 빛으로 옷을 갈아입
었다. 국회의사당 첨탑 위 아스라이 높은 밤하늘에 빛을 받아 하얗게
반짝이는 갈매기들이 박힌 듯 떠 있었다. 아무 생각도 나지 않았다.
시각을 제외한 모든 신경세포가 작동을 멈추었다.

　며칠 동안 시내 곳곳에서 목격했던 역사의 비극에 대한 기억이
사라졌다. 머저르 독립운동의 순교자도, 홀로코스트의 상처도, 소련
군 탱크에 짓밟힌 소녀도 생각나지 않았다.

　다음 날 오전 잠깐 시내를 산책한 후에 김포공항보다 작고 소박
한 리스트 페렌츠 공항에서 부다페스트를 떠났다. 부다페스트는 철
도 · 자동차 · 유람선 등 들어오는 경로가 많아서 큰 공항을 만들지 않
은 듯했다. 나는 부다페스트를 다른 어떤 도시보다 좋아한다. 그 도시
는 스스로를 믿으며 시련을 이겨내고 가고자 하는 곳으로 꿋꿋하게
나아가는 사람 같았다. 1천 년 전 말을 타고 거기 왔던 머저르의 후예
들이 지난 150여 년 동안 무엇을 성취했는지 보여주었다. 나는 부다

페스트에서 대한민국의 현대사를 보면서 느끼는 것과 비슷한 감정을 맛보았다. 부다페스트는 슬프면서 명랑한 도시였다. 별로 가진 게 없는데도 대단한 자신감을 내뿜었다. 오늘의 만족보다 내일에 대한 기대가 큰 도시였다. 나는 그런 사람 그런 도시가 좋다.

도나우 야경, 말로는 표현하기 어려운.

빈, 　　내겐 너무 완벽한

부다페스트, 　　슬픈데도 명랑한

프라하, 　　**뭘 해도 괜찮을 듯한**

드레스덴, 　　부활의 기적을 이룬

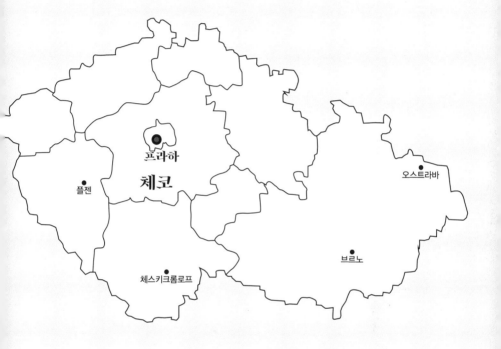

프라하
체코
플젠
오스트라바
체스키크룸로프
브르노

나의 프라하 여행지

딘리보르탑
프라하성
황금소로
성 비투스 성당
흐라드찬스카 광장
페트르진 전망탑
스트라호프 스타디움
카를교
블타바강
마에슈토 다리
체후프 다리
파리스카 거리
루돌피눔
유대인지구 요제포프
틴 성당
구시가 광장(얀 후스 동상)
화약탑
큐비즘 박물관(검은 성모의 집)
안 팔라흐 추모 석판
바츨라프 광장(신시가 중심)
성 바츨라프 기마상
체코 국립 박물관
맨상하우스

프라하,
뭘 해도 괜찮을 듯한

겸손한 틴 성당

비행기는 해가 저물고 한참이 지나서 프라하 국제공항에 착륙했다. 프라하 하면 무엇이 떠오르는가? 나는 얀 후스, 밀란 쿤데라, 프라하의 봄, 바츨라프 하벨과 벨벳혁명이 떠올랐다. 하지만 백탑의 도시, 중세의 향기, 동유럽 문화수도, 보헤미안의 낭만 같은 말도 모르지 않았다. 아무데서나 아무렇게나 사진을 찍어도 화보가 된다는 소문도 들었다. 도대체 얼마나 예쁜 도시기에 그런 말이 있는지 궁금했다. 소감을 미리 말하자면, 터무니없는 과장은 아니었다. 프라하는 밝고 예뻤다. 걱정 없는 소년 같았다. 여행자에게 친절하고 너그러웠다.

호텔에 짐을 풀고 나니 잠자는 것 말고는 할 일이 없었다. 유럽에 가면 첫날 저녁을 잘 버텨야 한다. 시차가 일곱 시간 안팎이라 평소라면 깊이 잠들어 있을 시간에 저녁밥을 먹게 되고, 배가 부른 만큼 눈꺼풀도 더 무거워진다. 그 순간을 견디지 못해 잠들었다가는 몇 시간 지나지 않아 눈을 뜨고, 뜬눈으로 아침을 맞으며 후회하게 된다. 자정을 넘겨 잠든다 해서 날이 밝을 때까지 잘 수 있는 것은 아니다. 하지만 첫날 몇 시간이라도 푹 자면 다음 날 일정을 소화하는 게 수

월해지고 시차를 순조롭게 극복할 수 있다.

멜라토닌 한 알을 먹고 한 시가 지나 잠들었는데도 네 시간을 채우지 못했다. 더 늦게 잠들었을 아내를 깨우지 않으려고 살며시 운동화를 챙겨 신고 밖으로 나갔다. 프라하는 북위 50도에 있어서 6월의 밤이 짧았다. 아직 해가 올라오지 않았는데도 하늘은 이미 진청색으로 빛났고 거리도 환했다. 미세먼지가 점령한 서울 하늘을 생각하면서 숨을 크게 들이쉬었다. 이런 하늘을 본 게 언제였나? 기억이 가물가물했다. 구시가 한복판에 숙소를 잡은 게 현명한 선택이었다.

틴 성당 주변과 광장을 한 바퀴 돌고 블타바(Vltava)강으로 내려가 카렐교 주변을 눈으로 훑어보았다. 지도를 든 여행자들이 드문드문 보였을 뿐 프라하 거리에는 사람이 거의 없었는데, 뜻밖에도 조명등을 세우고 반사판까지 써가며 웨딩 화보를 촬영하는 광경을 여러 곳에서 보았다. 주고받는 말을 들으니 다 중국 사람들이었다. 두 가지 소문 모두 사실인가 싶었다. 해 뜨기 직전과 해 진 직후 사진이 잘 나온다는 것, 그리고 중국에는 갑부가 서울 인구만큼 많다는 것. 프라하 거리가 한산한 것은 새벽 시간뿐이었다. 아침부터 늦은 밤까지, 사람이 북적이지 않는 곳은 시내 어디에도 없었다.

첫날은 '신시가'의 바츨라프 광장 갈 때 1회권을 끊어 지하철을 탄 것 말고는 종일 걸어서 다녔다. 그다음 이틀은 버스, 트램, 푸니쿨라 등 대중교통 수단을 이용할 수 있는 일일교통권을 썼다. 프라하는 빈이나 부다페스트보다 훨씬 작아서 '프라하 카드'를 살 필요가 없었다. 볼거리가 대부분 도심에 있었고 긴 거리를 한 번에 이동해야 하는 경우가 드물어서 걸어 다니는 게 편리했다. 늘 둘이서만 다녔는데,

해뜨기 전 프라하의 하늘.

프라하 여행은 인천공항에서부터 지인 두 사람이 동행했다.

프라하 탐사는 틴 성당에서 시작했다. '구시가' 한복판 언덕에 있어서 첨탑이 시내 어디서나 보일 뿐 아니라 여행안내서에 나오는 명소들이 근처에 몰려 있기 때문에 달리 선택할 여지가 없었다. 외관은 고딕 양식이고 내부는 화려한 바로크 스타일로 치장한 틴 성당은 프라하의 자랑이다. 바티칸의 베드로 성당에 비하면 '오래되고 아담한 시골 성당'에 지나지 않지만, 그 옛날 프라하에서는 그 정도 규모 성당을 짓는 일도 버거웠다. 성모 마리아의 이름을 단 조그만 교회가 있었던 곳에 상인들의 기부금을 재원으로 삼아 14세기 후반부터 공사를 시작했는데, 고딕 양식 본체를 세우는 동안 백 년이 흘렀고 첨탑 두 개를 올리는 데 또 50년이 걸렸다. 중앙 설교대와 조각상을 비롯한 실내장식과 설비는 수백 년 동안 크고 작은 변화를 겪은 끝에 지금 모습을 가지게 되었다.

처음에는 시큰둥하게 보았다. '저런 정도 성당은 역사 도시 어디에나 있지.' 그런데 틴 성당은 볼수록 특별했다. 무엇보다도 그 집은 참혹했던 종교전쟁의 상흔을 품고 있다. 이스탄불의 아야소피아와 파리의 노트르담보다 더한 역사의 상처다. 그런데도 틴 성당은 그것을 상처가 아니라 훈장처럼 가꾸었다. 아담과 이브라는 이름이 붙은 두 첨탑 사이의 황금 후광을 두른 성모상이 그랬다. '30년전쟁'으로 권력을 탈환한 가톨릭 세력이 원래 거기 있었던 보헤미아왕의 조각상과 황금 성배를 녹여 성모상을 만들었다. 로마 교황청과 손잡은 중세의 세속권력이 보헤미아 민중의 저항을 완전히 분쇄했다는 것을 과시하기 위한 '디자인 변경'이었다. 그 전쟁에 대해서는 뒤에서 이야

틴 성당, 광장에서 입구가 보이지 않는다.

기하겠다.

틴 성당은 높은 곳에 있지만 군림하지 않는다. 도시의 품에 자연스럽게 안겨 있다. 구시가 광장에서 성당을 보니 입구가 보이지 않았다. 찾아보니 성당 정면 레스토랑 건물과 왼편 국립 미술관이 있는 궁전 사이 골목 안쪽에 입구가 있었다. 정면과 측면뿐 아니라 후면에도 민가들이 빼곡했다. 파리의 노트르담과 빈의 슈테판 성당 주변도 중세에는 그랬는데, 정부가 주변 민가와 건축물을 철거하고 도로를 개설해 지금처럼 만들었다. 틴 성당을 둘러싼 민가는 프라하의 지배자들이 나폴레옹 3세나 요제프 황제처럼 도시를 과격하게 개조하지 않았다는 사실을 증언하고 있었다.

게다가 틴 성당은 정말로 오래된 건축물이었다. 시커멓게 풍화한 외벽은 이렇게 말하는 듯했다. '난 불타거나 무너진 적이 없어!' 특별히 튼튼하게 지어서 그런 게 아니었다. 프라하에는 화약탑을 비롯해 외벽이 시커먼 중세 건축물이 여럿 있다. 대화재나 폭격, 혁명, 지진으로 도시가 파괴당하는 비극을 겪지 않았다는 뜻이다. 보헤미아가 수많은 전쟁에 휘말렸는데도 중심도시 프라하는 참화를 피했다. 그래서 구시가의 중세 건축물과 신시가의 바로크 스타일 집들이 제 모습을 유지할 수 있었다. 덕분에 프라하는 '아무데서나 사진을 찍어도 화보가 된다'는 명성을 얻었다.

틴 성당은 미사 시간 전후에 잠깐씩만 개방한다고 해서 내부는 나중에 다시 가서 구경했다. 중세 큰 성당이 다 그랬듯, 틴 성당도 왕실의 영묘로 쓰였으니 왕족과 대주교의 관이 있는 건 자연스러웠다. 그런데 천문학자 티코 브라헤(Tycho Brahe, 1546-1601)의 관은 특이한 존

재였다. 브라헤는 덴마크 사람이고 또 과학자였는데 왜 여기 묻었을
까? 그가 합스부르크제국 황제 루돌프 2세의 초대를 받고 프라하에
와서 생애의 마지막 두 해를 보냈기 때문이었다.

브라헤는 망원경이 없던 시대에 천문학자로 활동하면서 믿기 어
려울 정도로 정교한 관측 자료를 작성했다. 브라헤의 조수였던 요하
네스 케플러(Johannes Kepler, 1571-1630)는 그 자료를 활용해 태양계 행성
의 타원형 궤도, 공전속도, 공전주기에 관한 이론을 정립함으로써 보
편적 물리법칙을 세운 뉴턴(Isaac Newton, 1642-1727)의 시대를 예비했다.
지구가 우주의 중심이라고 믿었던 가톨릭의 세계관을 무너뜨린 외국
인 과학자를 왕실 성당에 안장했으니, 프라하 사람들은 확실히 남다
른 데가 있었다고 해야 마땅할 것이다.

프라하의 탄생

'틴 성당'의 정식 명칭은 '틴 앞의 성모교회'다. '틴(Týn)'은 도대체
뭐지? 지도를 살펴보았더니 '틴 마당/운겔트(Týnský dvůr/Ungelt)'라는
곳이 있었다. 성당 뒤편 골목을 따라갔더니 주택이 둘러싼 공터가 나
왔다. 그리 크지도 않았고 겉보기에는 특별한 게 없었다. 카페와 레스
토랑이 공터 쪽으로 문을 열어 두었지만 아침 시간이라 드나드는 이
가 없었다. 그런데 이상했다. 왠지 모르게 마음이 끌려 떠나기가 싫어
졌다.

공터 가장자리 나무 그늘에 앉아 '틴'을 검색했다. 짐작이 맞았다.

성에서 내려다본 프라하의 도심.

성당보다 틴이 먼저 있었다. 틴 성당을 지을 당시 프라하 사람은 누구나 알았을 핫플레이스였다. '틴(Týn)'은 켈트어에 뿌리를 둔 체코 말로 '담을 두른 공간'을 가리킨다. 영어 타운(town)과 어원이 같다. '운겔트'라고도 했다. 운겔트는 중세 독일어인데, 현대 독일어에는 철자가 살짝 다르지만 발음은 똑같은 'Ungeld(물품세)'가 있다. 틴 마당은 시장이었다. 이름에 '성모'가 든 성당이 헤아릴 수 없이 많았기 때문에 새로 지은 성당의 위치를 나타내는 수식어를 붙였을 것이다.

'틴'이 켈트어에서 유래했다는 것은 슬라브족이 들어오기 전의 거주자가 켈트족이었음을 의미한다. 체코공화국 국토는 세 지역으로 나뉘는데 중부와 서부의 보헤미아(Bohemia)가 국토의 대부분이고 동부에 슬레스코와 루사티아라는 두 지역이 붙어 있다. 라틴어 지명 보헤미아는 이곳을 점령한 로마제국 군인들이 켈트족의 지파 '보이'족이 산다고 해서 붙인 이름이었다. 체코 말로는 보헤미아를 체키(Čechy), 주민들을 체크(Čech)라고 한다. 국호 체코공화국(Česká republika)도 여기서 나왔다. 체코인은 슬라브족의 한 갈래다. 로마제국 시대에 켈트족을 밀어냈던 게르만족이 서쪽으로 떠난 5세기 이후 그들이 보헤미아를 차지했다. 체코와 보헤미아는 같은 말이라고 해도 크게 틀리지 않는다.

체코공화국은 인구는 2020년 기준 1,100만 명에 조금 못 미친다. 국민 대부분이 체코인이며 소수의 모라비아인과 슬로바키아인, 독일인과 집시가 거주한다. 1918년 체코슬로바키아연방공화국을 형성했으며 사회주의체제가 붕괴하자 슬로바키아가 분리 독립했다. 종교는 로마 가톨릭이 강세이지만 무신론자가 국민 절반이나 된다. 슬로바

키아(동), 독일(서), 오스트리아(남), 폴란드(북)에 둘러싸인 내륙 국가
로, 국토는 대한민국의 3/4 정도이고 1인당 국민소득은 2만 5천 달러
에 육박한다. 화폐는 '코루나'이지만 프라하에서는 큰 불편 없이 유로
화를 쓸 수 있었다. 체코의 전통산업은 농업과 목축업이었으나 19세
기부터 철강 · 기계 · 전기 · 자동차 · 화학 · 의류 등 제조업이 꾸준히
발전했다. 인구 130만 명인 프라하는 제조업과 관광업 · 문화산업의
중심으로서 국내총생산의 25%를 차지하며 1인당 역내총생산(GRDP)
이 5만 달러나 된다. 맥주와 유리공예품이 널리 알려져 있지만 경제
적으로 중요하진 않다.

　체코 역사는 여러 면에서 헝가리와 닮았다. 체코인은 머저르족이
부다페스트를 차지한 것보다 조금 앞선 9세기 말 보헤미아에 최초의
왕국을 세웠다. 그러나 체코인의 왕조는 그리 오래지 않아 무너졌고,
14세기 이후 룩셈부르크 가문을 거쳐 빈의 합스부르크 가문으로 지
배권이 넘어갔다. '민족사'의 관점에서 보면 비극이라고 할 수 있지만
프라하는 그로 인해 새로운 기회를 얻었다. 프라하에서 태어난 룩셈
부르크 왕가의 카렐 1세가 1355년 신성로마제국 황제 카렐 4세가 되
자 위상이 크게 높아져 상업이 번창하고 신흥 부자가 대거 출현했다.
그들이 기부금을 낸 덕에 틴 성당 신축 자금을 모을 수 있었다.

　하지만 프라하의 번영은 오래 지속되지 않았다. 16세기의 '후스
전쟁'으로 보헤미아 전역이 혼란의 도가니에 빠지자 프라하의 상업
도 몰락했다. 틴 마당은 내리막길을 걷다가 세무서마저 다른 곳으로
이전해 버린 18세기 이후 버려진 공터가 되었다. 체코 정부가 발굴
작업을 하면서 1970년대에 첫걸음을 디뎠던 틴 복원사업은 체제가

바뀐 후인 1996년에 끝이 났다. 정부는 르네상스 양식인 그라노프 궁전을 비롯해 틴을 둘러싼 가옥 열여덟 채를 복원해 국가문화유산으로 지정했고, 주변을 작은 상점과 갤러리, 카페, 레스토랑, 소극장으로 이루어진 문화공간으로 조성했다.

나무 그늘에 앉아 틴 마당을 보며 5백 년 전 모습을 상상해 보았다. 동유럽 슬라브족 거주 지역에서 가장 큰 시장이었던 틴은 밤낮없이 사람으로 북적였다. 아랍인을 포함한 원거리 무역상들이 금·은·구리·주석·보석·소금·공구·옷감·양모·말린 과일과 훈제 생선을 사고팔았다. 울타리와 출입문, 창고, 마구간이 있었고 저렴한 숙박업소와 술집·식당이 즐비했으며 병원도 있었다. 수공업자들의 작업장은 밤낮없이 분주하게 돌아갔고 무역으로 한몫을 잡은 신흥 부자들이 앞다투어 저택을 지었다. 정부는 세무서를 설치해 상품을 등록하게 하고 세금을 징수했다. 틴 일대는 그 자체가 하나의 도시였다. 중세 프라하는 거기서 태어났다. 한적한 공터에서 이런 생각을 하다니! 나 혼자 뿌듯해했다.

얀 후스, 정의로운 사람

프라하에 머문 닷새 동안 틴 성당 앞 구시가 광장을 여러 번 오갔다. 일부러 그랬던 게 아니다. 다니다 보면 저절로 그렇게 된다. 그때마다 광장 한편에서 시청사 쪽을 바라보며 서 있는 얀 후스의 동상을 멀리서 또는 가까이서 보았다. 퍼렇게 녹슨 청동상이라 특별한 매력

이 있는 건 아니었다. 다들 그냥 지나쳐서 갔고 주의 깊게 살펴보는
이는 드물었다. 프라하 시민들은 잘 아니까, 여행자들은 잘 몰라서 그
랬을 것이다.

　　나는 얀 후스를 존경한다. 후스를 모른다고 해서 프라하 여행에
지장이 생기진 않지만 알면 프라하의 공간과 체코 사람들의 정서를
더 깊게 이해할 수 있다. 고등학생 시절 세계사 교과서에서 얀 후스
(Jan Hus, 1372-1415)라는 '종교개혁가'의 이름을 처음 보았다. 그렇지만
후스가 그저 종교개혁가로서 프라하의 광장에 서 있는 건 아니다. 후
스의 동상은 보헤미아 민족주의와 더 나은 세상에 대한 민중의 열망
을 담고 있다. 그는 스스로 옳다고 믿는 방식으로 살았고 죽음 앞에
서도 신념을 버리지 않았다. 그럴 의도가 있었는지는 확실하지 않지
만, 그의 삶과 죽음은 보헤미아와 유럽의 역사를 바꾸었다.

　　보헤미아 시골에서 태어나 프라하대학교에서 공부하고 모교의
교수가 되었을 때만 해도 얀 후스는 적당히 인생을 즐기는 남자였을
뿐이다. 교수보다 살기 편해 보여서 가톨릭 사제가 되었다. 그 선택이
자신의 인생과 보헤미아 역사를 바꾸리라고는 상상하지 않았다. 그
는 프라하 시내의 베틀레헴 예배당에서 설교했는데 여러 면에서 남
달랐다. 무엇보다도, 종교 의전에서 라틴어를 쓰라는 로마 교황청의
지침을 무시하고 체코 말로 설교했다. 신자들이 알아들어야 의미가
있다고 생각한 것이다. 설교 내용도 교황청을 화나게 했다. 그는 믿음
의 근거를 교회가 아니라 성서에서 찾아야 한다고 주장하면서 교회
와 사제들의 범죄행위와 부정부패를 가차 없이 비판했다. 교황청의
면죄부 판매를 비난한 것이 특히 큰 문제를 일으켰다. 교황청은 후스

시청사를 바라보는 구시가 광장의 얀 후스 동상.

를 눈엣가시로 여겼지만, 교황청과 세속권력의 착취와 억압에 신음
하던 보헤미아 민중은 그를 정신적인 지도자로 받아들였다. 보헤미
아에 '후스전쟁'의 씨앗이 뿌려진 것이다.

프라하의 교회를 지배하던 독일인 신학자들은 후스를 이단으로
간주했다. 하지만 후스는 바츨라프 4세 왕의 신뢰를 업고 독일인 신
학자들을 밀어낸 다음 프라하대학교 총장이 되었으며 대주교와 교
황의 설교 금지 명령과 출두 요구를 단호히 거부했다. 교황청이 자신
을 파문하고 이단 혐의로 기소했는데도 아랑곳하지 않았다. 날이 갈
수록 상황은 심각해졌다. 요한네스 교황이 교황청 내부의 권력투쟁
에 쓸 자금을 모으려고 면죄부 대량 판매를 강행하자 프라하 시민들
이 교황의 교서를 불태우며 항의 시위를 벌였다. 사태가 심각해지자
바츨라프 4세는 면죄부 판매 비판 금지 명령을 어긴 청년들을 참수했
다. 후스는 프라하를 떠나 시골에 머물며 논문을 쓰다가 함정에 빠져
독일 남부 콘스탄츠에서 붙잡혔다. 지하 감옥에서 고문을 당했고 종
교 법정에 끌려나갔지만 끝내 굴복하지 않았다. 1415년 마지막 숨을
내쉬는 순간까지 큰 소리로 기도하면서 화형을 당했다.

후스의 영향력은 죽은 뒤에 더 커졌다. 보헤미아에 '후스파'라는
정치결사가 출현해 낡은 질서에 반기를 들었다. 1419년 7월 30일 유
명한 사건이 일어났다. 급진 후스파 군중이 시청사에서 시장과 판사
를 포함해 보헤미아왕의 신하 일곱 명을 창밖으로 던져 죽인 것이다.
천문시계를 보려고 온종일 관광객이 모여드는 바로 그곳에서 벌어
진 그 사건을 '제1차 프라하 창문투척사건'이라고 한다. 후스파는 오
늘의 기준으로 보면 지극히 상식적인 요구를 제출했다. "영성체 의식

때 일반 신도들이 신부와 같이 빵과 포도주를 먹게 하라. 설교의 자유를 인정하라. 교회 재산을 몰수하고 정치 개입을 금지하라. 사제도 범죄를 저지르면 처벌하라."

교황청은 이 요구를 '체제전복 시도'로 규정하고 여러 군주들이 파견한 군인들에게 십자군 깃발을 주어 프라하로 보냈다. 이른바 '후스전쟁'이 터진 것이다. 급진 후스파는 12년 동안 다섯 번이나 프라하 외곽에서 십자군을 격퇴했지만 온건파가 교황청과 손잡고 배신한 탓에 결국 패배했다. 그렇지만 온건 후스파를 비난할 수만은 없다. 그들은 끈질긴 줄다리기를 벌인 끝에 교회의 정치 개입을 배제하는 데 성공했고 보헤미아에 세속 귀족정을 정착시켰다. 오늘날 체코공화국의 가장 우세한 종교는 가톨릭이지만 종교를 믿지 않는 무신론자가 국민의 절반이 넘는 것은 세속정의 영향 때문이라고 볼 수 있다.

얀 후스가 남긴 종교개혁 운동의 불씨는 결국 들불이 되어 유럽 중세 봉건 질서의 해체를 재촉했다. 후스가 떠난 지 백 년도 더 지난 1517년, 독일 신학자 마르틴 루터는 후스와 똑같은 논리로 면죄부 판매의 부당성을 공개 비판했다. 종교개혁 운동은 유럽 전역으로 퍼져나가 각지에서 농민봉기와 내전을 촉발하고 여러 갈래의 프로테스탄트 교파를 만들어냈다. 위기에 봉착한 로마 교황청과 봉건 군주들이 물불을 가리지 않고 개신교를 탄압하던 1618년, 프라하의 귀족들이 또 한 번 큰 사건을 일으켰다. 신성로마제국 황제의 신하 셋을 프라하성 창문 밖으로 집어 던진 '제2차 프라하 창문투척사건'이었다. 3층에서 떨어진 신하들은 죽지 않았지만 보헤미아의 반란은 군주들 사이의 영토쟁탈전으로 비화해 독일·덴마크·스웨덴·프랑스를 차례

로 끌어들였다. 전쟁의 성격을 규정하기 어려운 탓에 그저 '30년전쟁'
이라고 하는 그 국제전은 1648년 '베스트팔렌조약'으로 끝이 났고 유
럽의 봉건체제는 막을 내렸다.

베스트팔렌조약은 종교 선택의 자유를 인정했다. 루터파와 칼뱅
파를 비롯한 개신교가 국제적 공인을 받았고 신성로마제국에 속했던
국가들이 저마다 영토주권과 외교권을 확보했다. 독일의 패권이 무
너져 프랑스가 알자스 지방을 차지했고, 스웨덴은 발트해 연안 지역
을 획득했으며, 네덜란드와 스위스가 독립했다. 유럽에 국민국가의
시대가 열린 것이다. 보헤미아 민족주의에 불을 질렀던 얀 후스의 사
상은 공화국의 시대가 된 지금도 보헤미아 민중의 가슴에 흐르고 있
다. 눈길 주는 이가 별로 없는 얀 후스의 동상 앞에서 나는 잠시 옷깃
을 여미고 예를 갖추었다. 부당한 특권을 누리며 민중을 억압하고 부
패를 저질렀던 종교권력을 향해 날 선 비판을 퍼부었고 민중과 소통
하려고 체코 말로 설교했던 그에게 경의를 표하고 싶었다.

광장을 사이에 두고 틴 성당을 마주 보는 옛 시청사 앞은 카렐교
다음으로 인구밀도가 높은 곳이었다. 14세기 중반 제한적 권한을 가
진 시의회가 탄생했을 때 지었던 시청사는 여러 차례 확장 공사를 거
쳐 지금의 복합 양식 건물이 되었다. 후스전쟁의 진원지였던 시청사
자체는 르네상스 양식이지만 관광객을 끌어모으는 시계탑은 고딕 양
식이다. 내부에는 예배당과 갤러리, 시계탑 올라가는 승강기가 있지
만 여행자들은 대부분 밖에서 시계탑을 본다. 탑 전면에 있는 '천문시
계' 때문이다. 나도 그중 하나였다.

하누슈라는 사람이 15세기에 만들었다는 시계는 눈금판이 해와

끝없이 보수 공사를 하는 시청사의 시계탑.

달의 위치를 비롯한 천문 정보를 담고 있어서 '천문시계'라고 하는데 정기적으로 잠깐씩 움직인다. 해골이 줄을 당기고, 모래시계가 뒤집히고, 위쪽의 조그만 창문으로 예수의 열두 제자 미니어처가 지나가고, 닭이 울고, 다시 멈추기까지 1분 남짓밖에 걸리지 않았다. 그리 대단한 구경거리는 아니었다. 고장 나 멈춰버린 시계를 전동장치로 돌리고 있다는 사실을 알고 보면 크게 신기할 것도 없었다. 하지만 많은 사람이 함께하면 없는 재미도 생기는 법, 천문시계 자체보다 그걸 보는 사람들을 구경하는 게 더 재미있었다. 시계가 움직이기 전부터 슬금슬금 모여든 관광객들은 입추의 여지가 없을 정도로 빼곡하게 서서 한 방향으로 시선을 던지고 있었다. 그때를 제일 좋아한다는 소매치기를 경계하느라 한 손은 카메라, 다른 손은 가방을 꼭 움켜쥔 채로.

구시가의 성과 속

중세 프라하는 조그만 도시였다. 틴을 중심으로 서쪽과 북쪽은 블타바, 동쪽은 화약탑, 남쪽은 하벨 시장까지가 전부였다. 이 공간을 프라하의 '구시가'라고 한다. 그러다 14세기 후반 구시가 동남쪽에 지금의 바츨라프 광장을 포함한 '신시가(新市街)'를 조성하면서 도시가 몇 배로 커졌다. 프라하의 '신시가'는 파리의 '라데팡스'나 한국의 분당 같은 곳이 아니다. 이름이 신시가일 뿐, 태어난 지 6백 년이 넘었다.

프라하 구시가는 '성(聖)과 속(俗)의 칵테일'이다. 사람이 지닌 모든 종류의 욕구와 소망과 신념을 다 품어준다. 종교건축물이 많아서 겉보기에는 '성스럽다.' 틴 성당보다 더 웅장하고 화려한 야고보 성당, 니콜라스 성당, 후스가 설교했던 베틀레헴 예배당 같은 가톨릭교회뿐만 아니라 살바토르교회를 비롯한 개신교 교회도 여럿이고, 북쪽 강변의 유대인지구에는 마이셀 시너고그를 위시한 유대 예배당이 포진하고 있다. 그러나 '속된 욕망'을 추구하는 공간도 만만치 않게 많다. 서쪽 강변 방면에 산재한 카렐대학교의 학부 건물과 공공 도서관은 품격 있는 세속의 욕망을 대표한다. 품격이나 고귀함과는 아주 거리가 먼 것도 도처에 있었다. 하벨 시장, 호텔, 레스토랑과 같은 상업 시설은 어느 도시에나 있는 것이고 일루전 아트 박물관(Illusion Art Museum), 애플 컴퓨터 박물관(Apple Museum), 밀랍인형 박물관 등은 조금 튀긴 하지만 그럴 수도 있으려니 했다. 하지만 구시가 광장 지척에 '성기구 박물관'이나 '고문도구 박물관' 같은 것이 버젓이 문을 열고 있으리라고는 상상하지 못했다.

그래서 '보헤미안'이라는 말이 생겼는지 모르겠다. '보헤미아인'에 해당하는 체코 말은 '체키'인데 뜻은 정반대에 가깝다. '체키'는 슬로바키아인이나 모라비아인 같은 소수민족을 제외한 보헤미아의 체코인을 가리키는 체코 말이고, '보헤미안'은 독일인과 집시를 비롯해 체코인이 아닌 보헤미아 사람을 지칭하는 외국어였다. 그런데 19세기 후반 보헤미안의 뜻이 달라졌다. 유럽 사회의 주류로 지위를 굳힌 부르주아 계급의 틀에 박힌 도덕 규범이나 행동 양식을 거부하고 스스로 선택한 가치관에 따라 자유분방하게 활동하는 지식인과 예술가를 가리키는 말이 되었다. 주로 시인·소설가·화가·음악인이었다.

　보헤미안은 사회의 지배적인 규범과 관습을 추종하지 않았다. 스스로 옳고 아름답다고 여기는 것에 대한 열정을 표현하고 새로운 것을 창조하는 일에서 삶의 의미를 찾으려 했다. 생계 불안과 사회적 편견에 굴복하지 않는 자유로운 정신의 소유자였다. 1960년대 서구 사회에 강력한 문화적 충격을 주었던 히피(hippie)는 긴 머리카락과 제멋대로 기른 수염, 미니스커트, 맨발, 샌들, 대마초 같은 것으로 자신의 내면을 드러냈다. 다음 세대인 여피(yuppie, Young Urban Professional hippie)는 고학력 고소득 전문직에 종사하면서 명품과 사치품을 과시적으로 소비했다. 디지털혁명 시대를 선도해 엄청난 부와 명성을 얻었지만 색 바랜 청바지와 낡은 가방을 들고 다녔던 이들은 보보스(bobos, Bourgeois Bohemians)라고 한다. 모두가 보헤미안의 새로운 버전이라고 할 수 있다.

　중세 모습이 그대로 남아 있는 독일 로텐부르크의 고문 박물관에 멋모르고 들어갔다가 끔찍한 공포를 맛본 기억이 있어서 고문도구 박물관은 못 본 척하고 지나쳤다. 성기구 박물관도 들어가지 않았다. 우리 일행은 남녀가 둘씩이라 서로 민망할 것 같았다. 그 박물관들은 히피, 여피, 보보스로 이어진 보헤미안의 문화 유전자가 프라하에서 탄생한 것이 단순한 우연이 아니라고 말하는 것 같았다. 인간은 본성이 '속'되기에 '성'스러운 것만으로는 삶을 채우지 못한다. 그러나 '속'된 욕망을 좇는 것만으로 만족하지 못하는 게 또 사람이다. "성과 속, 둘 모두를 인정하고 받아들이고 존중하지 않으면 삶도 세상도 온전해질 수 없다. 나는 여기 사는 사람들에게 거룩함이라는 족쇄를 채우지 않았다." 프라하 구시가는 내게 그렇게 말했다. 예나 지금이나 프라하는 품이 너른 도시다.

구시가 골목을 샅샅이 뒤져가며 무엇이 더 숨어 있는지 살피기에는 체력이 달렸고 시간이 부족했다. 꼬마열차를 타고 플라카지구 골목 투어를 했던 아테네 여행을 떠올리며 흑마 두 마리가 끄는 마차를 탔다. 광장에서 출발한 마차가 구시가를 한 바퀴 도는 동안 볼거리를 찾으려고 두리번거리지 않았다. 깊은 물처럼 진하게 푸른 하늘 아래 흘러가는 도시의 풍경을 아무 생각 하지 않고 그저 바라만 보았다. 아파트 베란다 밖에 걸쳐둔 화분, 그늘진 골목을 밝히고 있는 형형색색의 꽃들이 예뻤다.

마차에서 본 건축물 중에 존재감이 가장 컸던 것은 화약탑(Prašná brána)이다. 구시가 동쪽의 성벽 출입문이었던 화약탑은 틴 성당만큼이나 오래된 외관을 과시하며 헐려 없어진 옛 성벽의 위치를 알려주고 있었다. 화약탑이면 군사시설인데, 그런 걸 뭐 하러 굳이 멋들어진 고딕 양식으로 올렸을까? 알고 보니 화약탑은 15세기 후반 시의회의 귀족들이 보헤미아왕으로 즉위한 블라디슬라프 2세에게 선물한 의전용 건축물이었다. 17세기에 잠시 군용 탄약고로 쓴 탓에 그런 이름이 붙었을 뿐이다. 보헤미아왕들은 강 건너 언덕의 성 비타 성당에서 대관식을 할 때 이곳을 지나 행진했다. 18세기 중반 프로이센 군대의 포격으로 조각상이 부서지긴 했지만 탑 자체는 한 번도 무너진 적이 없다. 5백 년 세월을 견디느라 틴 성당처럼 외벽이 시커멓게 변한 화약탑은 프라하의 연륜을 온몸으로 과시하고 있었다.

옛 성벽의 의전용 출입문이었던 화약탑.

유대인지구 요제포프

마차에서 보았던 길 중에 제일 좋았던 파리스카(Pariszka) 거리를
걸었다. 여행안내서에 명품 쇼핑 장소라고 나와 있는 이 거리는 형태
도 분위기도 파리 샹젤리제의 축소판이었다. 파리스카 초입에 있는
성 니콜라스 성당 출입문 앞에서 바흐·모차르트·드보르작의 작품
을 연주하는 콘서트 안내 입간판을 보았다. 유럽 도시의 성당이나 교
회들은 흔히 실내 공간을 연주회장으로 활용한다. 하지만 프라하처
럼 큰 성당과 교회 대부분이 그렇게 하는 경우는 보지 못했다.

오후의 햇살이 비스듬히 떨어지는 파리스카 거리의 가로수 그늘
을 따라 강을 향해 걷다가 왼편 유대인지구 요제포프(Josefov)의 진입
로에 들어섰다. 프라하 유대인들은 10세기에 집단거주지를 만들었는
데 그것이 13세기에 담장을 친 게토가 되었다. 18세기 중반 추방령이
내려 잠시 어려움을 겪었지만 프라하의 유대인들은 다른 어느 나라
에서보다 안심하고 살 수 있었다. 게토는 1850년 별도의 행정구역이
되었는데 유대인을 너그럽게 대했던 마리아 테레지아의 아들 요제프
2세(재위 1765~1790)를 기리는 뜻에서 '요제포프'라는 이름을 붙였다.

프라하는 부다페스트와 마찬가지로 합스부르크제국의 통치방식
변화에 큰 영향을 받았다. 프란츠 요제프 황제가 유대인에 대한 포용
정책을 채택해 시민권을 인정하자 요제포프는 근본적 변화의 계기를
맞았다. 다른 곳으로 떠나는 유대인이 늘어나면서 요제포프가 활기
를 잃고 퇴락하자 20세기 초 시정부가 낡은 집들을 철거하고 빈 스타
일의 대형 건물과 주택을 신축한 것이다. 여섯 개의 시너고그와 묘지,

구청사를 보존하면서 중심에 샹젤리제를 모방한 파리스카 거리를 조성해 만든 요제포프지구는 나치 군대 점령 기간에도 그대로 존속했다.

가장 인상 깊은 곳은 '신구(新舊)시너고그(Staronová synagoga)'라는 예배당이었다. 13세기에 초기 고딕 양식으로 지은 이 시너고그는 유럽에 남아 있는 유대 예배당 중에서 제일 오래되었다. 여러 차례의 화재와 박해 · 추방 · 재개발 · 나치 점령 등의 시련을 견디고 살아남았다. 박물관으로 바뀐 다른 예배당과 달리 지금도 프라하의 유대인들이 여기서 예배를 본다. 오래된 건물인 만큼 여러 전설이 얽혀 있는데, 4백 년 전 어떤 랍비가 지붕의 흙에서 긁어낸 잔해로 '골렘(golem)'을 되살려냈다는 이야기가 제일 유명하다. 원래 있던 예배당이 없어져서 처음에는 '새 시너고그'라고 했으나 나중 바로 옆에 새 예배당이 또 들어서자 '신구(新舊)'라는 역설적 명칭이 생겼다고도 하고, 예배당 곳곳에 옛 시너고그의 흔적이 남아 있어서 그렇게 부르게 되었다고도 한다. 나치가 유대인 절멸을 기념하는 박물관으로 쓸 심산으로 이 건물을 남겨두었다는 말도 있는데, 이런 이야기들이 어디까지 사실인지는 모르겠다.

요제포프의 여러 건축물과 묘지들이 모여 '유대 박물관'을 이루고 있었다. 이곳은 부다페스트 유대인지구보다 접근성이 훨씬 좋았고 골목이 정겨웠다. 그래서인지 슬픔과 연민과 분노를 덜 느끼면서 유대인의 삶과 역사와 문화를 엿볼 수 있었다. 프라하가 경제적 번영을 누렸던 16세기에 그곳은 유럽 유대인의 종교적 문화적 중심이었다. 마리아 테레지아가 유대인을 추방하라는 칙령을 내린 1744년 존

요제포프의 유대인 묘지, 한낮에도 정적이 감돌았다.

폐의 위기를 맞기도 했지만 몇 년 지나지 않아 추방령이 취소된 덕에 한숨을 돌렸다. 아들 요제프 2세 황제는 종교의 자유를 인정했고 유대인 의사가 체코인을 진료할 수 있게 하는 등 일상적인 차별도 크게 완화해 주었다. 1848년 즉위한 프란츠 요제프 황제는 시민권과 주거 이전의 자유를 주었다. 청년들은 대학에 갈 수 있게 되었고 학생단체와 스포츠클럽을 만들었으며 지식인들은 자기네 언어를 쓰는 신문과 잡지를 발간했다.

1천 년 프라하 유대인의 역사에서 가장 큰 비극은 20세기 중반에 벌어졌다. 히틀러가 집권하자 독일의 유대인들이 프라하로 대거 피신했다. 나치는 1939년 보헤미아를 침략해 유대인 단체와 기관을 모두 없애버렸다. 재산을 빼앗고 수용소로 실어 가 학살했다. 5만 명이 넘었던 프라하의 유대인 가운데 겨우 7,500여 명만 살아남았는데, 전쟁이 끝난 후 대부분 이스라엘과 미국으로 이주했다.

신구시너고그 맞은편의 요제포프 자치구 청사는 16세기 중반 신축했다. 여러 차례 불타 무너졌지만 매번 복구했고 유대인 공동체의 모임과 결혼식, 종교 행사를 여는 공간으로 지금도 사용한다. 오랜 세월 동안 형성된 유대인 묘지는 대부분 관광지가 되었다. 13세기부터 구시가 담벼락 근처에 '유대정원'이라는 묘지를 만들었고 15세기에 조성한 묘지는 3백 년 넘게 반복 사용했다. 시내에서 멀리 떨어진 묘지에는 17세기 후반과 18세기 초반 프라하를 덮친 페스트에 죽은 이들의 시신을 묻었다. 19세기에 조성한 묘역에는 유대인 아닌 이들도 묻혔다. 요제포프 진입로 골목에는 수공예품과 기념품 노점상이 즐비했다. 중세에도 그 자리에 무언가를 파는 노점상이 진을 치고 있었을 것 같았다.

프라하의 핫스팟 카렐교

다시 파리스카 거리로 나와 강을 향해 걸었다. 체히 다리 이르기
전에 인터콘티넨탈 호텔이 보였다. 부다페스트 마차시교회 뒤의 힐
튼 호텔을 떠올리게 하는 건물이었다. 거리가 끝나는 곳의 카렐대학
교 법학부 그늘진 계단에 앉아 지친 다리를 달랬다. 카렐교 근처의
얀 팔라흐 광장 루돌피눔(Rudolfinum)에는 콘서트 홍보 현수막이 커다
랗게 걸려 있었고 강변 둔치에 얀 팔라흐 추모 조형물이 보였다. 얀
팔라흐 이야기는 바츨라프 광장에서 상세하게 하기로 하자. 네오르
네상스 양식으로 지어 1885년 개관한 루돌피눔은 체코 필하모닉 오
케스트라의 활동무대이자 미술 전시장이다. 합스부르크 황태자 루돌
프의 이름을 붙인 이 공연장의 드보르작 홀은 프라하 국제음악축제
의 메인 무대이며 음향시설이 좋기로 유명하다. 1896년 여기서 드보
르작(Antonín Dvořák, 1841-1904)이 체코 필하모닉의 첫 공연을 지휘했다.
루돌피눔 갤러리는 자체 보유 전시품 없이 현대미술 전시회를 기획
유치해 왔다. 1919년 공화국 수립 이후 나치 점령 때까지는 체코 국
회가 이 집을 회의장으로 사용했다.

체후프 다리에서 마에수프 다리를 거쳐 카렐교까지 강변을 따
라 이동했다. 블타바 건너편 프라하성에 강렬한 6월의 햇빛이 화살처
럼 쏟아지고 있었다. 블타바의 수중보 위쪽에는 놀이보트가 떠다녔

고 좌안 쪽 갑문에 유람선과 작은 화물선이 보였다. 몰다우(Moldau, 체코어 블타바) 강물은 40킬로미터를 더 가서 엘베강 본류를 만나 독일 쪽으로 흐른다. 시내 구간 평균 수심은 3미터가 되지 않을 정도로 낮으며 프라하 남쪽과 북쪽 경계의 수면 고도 차이가 14미터나 되기 때문에 원래는 물살이 빠르다. 보와 갑문이 없다면 지금도 그럴 것이다. 프라하라는 지명이 '여울' 또는 '급류'를 가리키는 슬라브 말에서 유래했다는 정보가 옳은 듯했다.

멀리서 본 카렐교(Karlův most)는 콩나물시루 같았는데 막상 가보니 남들과 부딪치지 않고 걸을 수는 있었다. 카렐 4세의 명으로 14세기 후반 50년 동안 공사를 해서 만들었다는 이 보행자 전용 다리는 평지인 구시가와 비탈인 프라하성 일대를 연결했다. 폭은 10미터, 길이는 5백 미터 정도인 카렐교는 아침부터 밤까지 사람으로 가득했다. 강을 건너려는 게 아니었다. 사람들은 다리 자체를 보고 걷고 즐겼다. 다리를 따라 양편 교각의 윗면에 줄세워 만들어 둔 서른 개의 조각상이 큰 볼거리였다. 원본을 박물관에 보관하고 복제품을 설치해 두었다지만 상관없는 일이었다. 아테네의 카리아티드도 박물관의 원본보다 아크로폴리스 에레크테이온의 모조품이 더 좋았던 것처럼 카렐교의 조각상도 원래 자리에 서 있는 모조품이 박물관의 진품보다 나았다. 조각상의 주인공들을 굳이 검색할 필요는 없다. 예수, 성모, 세례 요한, 그리고 바츨라프를 비롯한 보헤미아의 기독교 성인들이니까.

부계는 룩셈부르크 왕가이고 모계는 보헤미아 왕가였던 카렐 4세는 1346년 보헤미아왕으로는 처음으로 신성로마제국 황제가 되었다. 프랑스식 교육을 받았고 라틴어와 체코어·독일어·프랑스어·

이탈리아어를 구사했으며 스무 살이 되기 전에 전쟁에 참가했던 그
는 프라하를 신성로마제국의 수도로 삼았고 신시가지를 조성했다.
뿐만 아니라 중부 유럽 최초의 대학을 설립해 관료와 법률가를 양성
하고 학문 연구와 예술 활동을 장려했다. 프라하성과 성 비타 성당
건축도 그가 주도했다. 자녀들의 정략혼인을 통해 독일에 대한 영향
력을 키웠고 스위스 티롤 지방과 이탈리아 북부로 영토를 확장했으
며 세 아들과 조카에게 땅을 나누어 주었다. 체코 사람들은 보헤미아
의 황금기를 연 군주였던 그를 국가의 창설자로 여긴다. 대학과 교량
과 광장 등 그의 이름을 붙인 곳은 헤아릴 수 없이 많다.

  카렐교 조각상 가운데 단연 인기 높은 인물은 얀 네포무츠키(Jan
Nepomucký)였다. 이 사람은 '네포묵'이라는 지역 출신으로 교회법을 공
부하고 프라하 대주교 대리를 했던 얀 벨플린 신부다. 가톨릭교회와
보헤미아 왕가 사이에 큰 다툼이 벌어졌던 1393년 카렐 4세의 아들
바츨라프 4세가 그를 죽이고 시신을 강에 던졌다. 3백 년도 더 지난
후 교황청이 성인으로 추존한 그의 청동 조각상은 영험한 힘이 있다
는 소문이 나서 체코 사람들이 그 앞에서 소원을 빈다. 청동상은 높
아서 손이 닿지 않아 기단의 부조를 만지며 기도하기 때문에 그 부분
만 녹이 벗겨져 반질반질했다.

  카렐교는 다리와 조각상 자체도 구경거리였지만 시내 구간의 강
과 건너편 언덕의 프라하성 일대를 원경으로 보기에 좋았다. 하지만
사람들이 거기 오는 진짜 이유는 다른 사람들을 구경하는 재미 아닌
가 싶었다. 악기 케이스를 앞에 열어두고 버스킹을 하는 가수, 초상화
그려주는 일로 생계를 잇는 화가, 온갖 언어로 명랑하게 떠들어대는

교탑에서 본 해 진 직후의 카렐교.

관광객, 인증샷을 찍느라 셀카봉을 세운 청년들, 청동상에 엄지를 대고 소원을 비는 사람들, 카렐교는 다리가 아니라 광장 같았다.

다리 건너편 카페에서 커피와 보드카를 마시며 해가 넘어갈 때쯤 구시가 쪽으로 다시 넘어왔다. 입장료를 내고 구시가 쪽 다리 초입의 교탑 옥상에 올랐다. 카렐교와 블타바강, 건너편 왕궁과 구시가까지 낮과 밤의 풍경을 한꺼번에 사진에 담기 위해서였다. 프라하의 6월은 낮이 길다. 오후 9시 해가 진 뒤에도 하늘은 여전히 푸르고 밝았다. 그런데 프라하성이 보이는 강 쪽 옥상은 포신만 한 망원렌즈와 카메라로 무장한 사람들이 다 차지하고 있었다. 아내는 중국 말을 하는 젊은이들 사이를 비집고 들어가 겨우 자리를 잡았다. 나는 조그만 미러리스 카메라를 들고 사람이 없는 반대편으로 가서 구시가를 내려다보며 시간을 보냈다.

어둠이 깔리자 도시 전체가 한순간에 얼굴을 바꾸었다. 틴 성당을 비롯한 구시가의 역사적 건축물과 블타바강 다리에 야간 조명이 들어왔고 자동차와 노면전차가 전조등 불빛을 내쏘기 시작했다. 상가와 식당과 카페의 전등이 빛을 뿜었고 가로등도 일시에 눈을 떴다. 어디선가 사람들이 몰려나와 햇살이 사라진 광장과 거리를 메웠고 그들이 내는 온갖 소리가 어두운 밤하늘을 타고 올랐다. 교탑 위에서 내려다보니 도시 전체가 천천히 위로 떠올라 허공에 걸리는 것 같았다. 프라하는 거대한 야간개장 테마파크로 변신했다. 프라하의 랜드마크 1번은 틴 성당도 바츨라프 광장도 아니었다. 교탑 위에서 본, 해가 넘어간 직후의 프라하 그 자체였다.

카렐교를 무대로 삼고 살아가는 예술가들.

보헤미아 음식

시청사 뒤편 골목에 있는 체코 레스토랑에서 늦은 저녁밥을 먹었
다. 일행이 넷이어서 끼니때마다 다양한 음식과 와인을 맛볼 수 있었
다. 예상했던 그대로였다. 프라하에서는 굳이 전통음식점을 찾을 필
요가 없었다. 보헤미아는 완전 내륙이라 양식한 잉어와 노르웨이산
연어 말고는 생선요리라고 할 만한 게 없었다. 게다가 권력의 변두리
에 놓인 도시여서인지 육류 요리도 특별하지 않았다.

'베프로 끄네들로 젤로'는 이름 그대로 삶은 돼지고기(베프로)에
촉촉한 빵(끄네들로)과 적색 양배추 초절임(젤로)을 곁들인 것이었다.
'베프로베 꼴레노'는 돼지 앞다리 무릎(꼴레노) 부위를 뼈가 든 상태
로 오븐에 장시간 구운 것인데 독일 음식 '슈바이네학세'와 같았다.
겨자 소스와 함께 젤로와 오이 피클이 반찬으로 딸려 나왔는데 속살
은 촉촉하고 껍질은 바삭해서 입맛에 잘 맞았다. '굴라쉬'는 두껍지
않게 토막 친 쇠고기를 자작하게 졸인 음식으로 으깬 감자와 함께 먹
는데 매운 파프리카를 넣고 국물을 넉넉하게 만드는 부다페스트의
굴라슈와는 이름만 같을 뿐 완전 다른 음식이었다. 쇠고기를 굴라쉬
보다 조금 더 크게 썰어 우리나라 돈가스 소스 비슷한 국물에 조리고
사워크림과 함께 얇은 빵에 올려 먹는 '스비치코바', '비너 슈니첼'과
비슷하게 생겼지만 송아지가 아니라 돼지고기로 만든 '스마제니 리
젝'은 메뉴의 재료만 보고서도 맛을 짐작할 수 있었다.

첫 저녁밥을 먹고 결심했다. 체코 전통음식은 한 번으로 충분하
다. 앞으로는 먹고 싶은 음식을 먹자. '베프로 끄네들로 젤로'는 한국

프라하에서는 보헤미아 전통음식을 찾기보다
레스토랑마다 다른 메뉴를 맛보는 게 현명하다.

돼지보쌈에 못 미쳤고 '베프로베 꼴레노'는 독일 '슈바이네학세'의 아류였으며 '굴라쉬'는 돼지고기 조림에 지나지 않았지만 맥주는 좋았다. 체코는 라거 맥주 필스너의 원산지이고 체코 사람들은 맥주를 많이 마신다. 플젠(Plzen) 지역에서 탄생한 라거 맥주의 대표 브랜드 '필스너 우르켈(Pilsner Urquell)'은 밝은 황금빛이 나고 뒷맛이 쌉쌀했다. '코젤(Kozel)'과 버드와이저의 오리지널인 '부드비요츠키 부드바' 등 여러 브랜드가 있었는데, '체코 맥주'를 달라고 해서 그 식당에서 주는 것을 마셨다.

체코 와인도 물론 있었다. 3세기 로마군단이 체코 남동부 모라비아 지역의 오스트리아 국경 근처 도시인 미쿨로프(Mikulov) 일대 언덕에 포도를 재배하기 시작했다는데, 슬라브족이 들어온 이후에도 포도주는 늘 그 지역에서 생산했다. 레드나 로제보다 백포도주가 압도적으로 많고 대부분 체코 사람들이 소비한다. 프라하에서 머무는 동안 우리가 마신 포도주도 다 모라비아산이었다. 술꾼이 아닌 나는 맛을 평할 수 없었는데, 평소 포도주를 즐기는 아내는 매번 괜찮다고 했다.

성 바츨라프 기마상

둘째 날 아침 하루 대중교통을 무제한 이용할 수 있는 '롱 투어 티켓'을 끊어 지하철을 타고 신시가의 국립박물관역에서 내렸다. 노란 형광 조끼를 걸친 유치원 아이들이 인솔교사들의 보호를 받으며 계단을 오르고 있었다. 어느 나라든 유치원 아이들의 복장은 다 비슷한 모양이다. 국립 박물관(Národní muzeum)은 리노베이션 공사를 하는 중이라 들어갈 수 없었다.

국립 박물관은 자연사 · 역사 · 과학 · 미술 · 음악 · 예술 · 출판 등을 망라한 1,400만 점의 전시품을 보유하고 있다. 프랑스대혁명 직후 보헤미아의 셀럽 귀족들은 왕과 귀족들이 수집한 소장품을 대중에게 보여주는 박물관을 만들기로 뜻을 모으고 예술과 역사 분야 인재를 양성하는 학교를 만들었으며 1818년 프라하 시내 귀족의 저택에 자연사를 중심으로 한 국립 박물관을 설립했다. 역사와 예술 분야로 전시품을 확대해 나간 그 박물관은 독일어와 체코어로 잡지를 출간하면서 보헤미아 민족주의 운동의 중심 무대가 되었고 전시 공간이 부족해지자 귀족의 저택이 밀집해 있었던 바츨라프 광장의 가장 높은 곳에 박물관을 신축하게 되었다. 본관 건물은 네오르네상스 스타일의 보헤미아 건축가 요제프 슐츠가 맡아 1891년 완공했다.

국립 박물관은 1945년 심각한 폭격을 당했지만 전시품은 미리 수장고에 옮긴 덕분에 온전하게 지켜냈다. 체코 정부는 부서진 본관을 복구하고 자연과학, 역사, 아시아 아프리카 아메리카 문화, 도서관, 박물관학 센터 등 다섯 개의 박물관으로 재편했으며 음악 박물관을 추가했다. 1968년 프라하의 봄 때는 소련군이 기관총을 난사해 기둥과 벽채에 구멍이 나고 석상과 소장품이 일부 부서졌다.

국립 박물관 본관은 1970년대 지하철 공사로 큰 충격을 받았고 근처에 자동차 전용 도로를 내는 바람에 주변 도심에서 분리되었다. 진동과 분진 피해가 심각해져서 정상 운영하기 어렵게된 2011년 7백

만 점의 전시품을 수장고로 옮기고 시작한 보수공사는 우리가 다녀
온 뒤에 완료했고, 원래 증권거래소였던 왼편 국립 오페라하우스와
박물관을 연결하는 지하 통로 조성공사도 끝이 났다. 본관 외벽에 남
아 있던 소련군의 탄흔도 아마 다 지웠을 것이다. 프라하에 다시 간
다면 긴 시간을 들여 국립 박물관을 볼 생각이다. 본관 옥상에 새로
만든 전망대에서 프라하 전경을 보고 싶다.

국립 박물관 앞에 서니 바츨라프 광장이 한눈에 들어왔다. 바츨
라프 광장은 신시가의 중심으로 산업과 문화의 센터이며 정치적 시
위와 대규모 행사를 여는 정치적 공간이다. 처음에는 광장이 아니라
'말 시장'이었다. 바츨라프 광장이라는 이름은 150여 년밖에 되지 않
았다. 광장은 동남쪽 가장 높은 곳의 국립 박물관 앞에서 완만한 내
리막을 따라 펼쳐져 있는데 폭 60미터 길이 750미터 정도로 서북쪽
하벨 시장 근처에서 구시가와 만난다. 형태는 서울의 광화문 광장 비
슷하지만 화분으로 가장자리 도로를 구분해 두었고 주변에 작고 예
쁜 호텔과 레스토랑, 카페와 상점이 포진하고 있어서 광화문 광장과
는 아주 다르다. 정부종합청사나 교보빌딩 같은 대형 건물을 모두 지
워내고 명동 골목의 점포, 식당, 카페, 작은 부티크 호텔로 광화문 광
장 주변을 채우면 비슷해질 것이다.

국립 박물관 바로 앞의 성 바츨라프 기마상과 얀 팔라흐 분신 현
장은 공사 차단막 때문에 접근할 수 없었다. 광장에 성 바츨라프라는
이름을 붙이고 가장 높은 곳에 기마상을 세운 것은 그를 보헤미아 민
족주의를 상징하는 역사 인물로 만들기 위해서였다. 영어로는 웬체
슬라스(Wenceslas), 독일어로는 벤첼(Wenzel)이라고도 하는 성 바츨라프

는 10세기 초반 잠깐 동안 프라하와 근처의 그리 넓지 않은 지역을 통치한 귀족으로 '얀 네포무츠키' 신부를 죽인 바츨라프 4세와는 전혀 다른 사람이다. 성 바츨라프의 기마상을 광장에 세운 것은 그가 대단한 업적을 남긴 위대한 군주여서가 아니라 고대 신화에 나올법한 비극의 주인공이었기 때문이다.

부모의 선택에 따라 기독교도로 성장한 웬체슬라스는 열세 살에 아버지를 잃고 권력을 이어받았다. 손자에게 그리스 로마 고전을 가르쳤던 할머니가 섭정을 맡았는데, 어머니가 외곽의 시골에서 할머니를 암살하고 그 자리를 차지했다. 열일곱 살이 되자 그는 섭정 폐지를 선언하고 할머니의 유해를 프라하로 들여오는 한편 자신과 권력다툼을 하던 어머니를 추방했다. 진짜 통치자가 되기로 결심한 그는 독자 노선을 추구한 귀족들과 권좌를 노린 동생을 상대로 싸움을 계속했다. 웬체슬라스는 보헤미아를 기독교 세계로 완전 편입해 새로운 질서를 세우려 했지만 주변 정세가 좋지 않았다. 헝가리와 프랑스의 귀족들이 보헤미아에 눈독을 들였고 바이에른왕은 조공을 바치라고 요구했다. 그런데 동생 볼레슬라프가 외세에 맞서 보헤미아의 주권을 지키던 형을 종교 행사에 초대해 자기 손으로 죽였다. 정확한 역사 기록이 남아 있지 않기 때문에 그 사건은 929년 또는 935년 일어났을 것으로 추정한다.

거듭된 존속 살해 사건은 신화가 되었고, 비극의 주인공이었던 젊은 통치자는 숭배의 대상이 되었다. 민중은 그를 통치자인 동시에 보헤미아의 전사로 기억했다. 보헤미아의 기독교 세계 편입이 완료된 후 통치자 웬체슬라스는 성 바츨라프가 되었다. 그의 얼굴은 동전

성 바츨라프 기마상이 바츨라프 광장을 내려다보고 있다.

에 새겨졌고 행적은 역사서에 올랐다. 그게 끝이 아니었다. 보헤미아 민족주의가 본격 형성된 후스전쟁과 30년전쟁의 포연 속에서 그는 '보헤미아의 수호성인'이라는 아이콘이 되었다. 그리고 20세기에는 국립 박물관 앞 광장 가장 높은 곳에 기마상으로 부활했다.

　체코 사람들은 성 바츨라프를 진심으로 사랑한다. 그를 주인공으로 삼은 시·소설·영화·연극·노래가 헤아리기 어려울 정도로 많다. 그가 죽은 지 1천 년이 된 1929년 9월 28일부터 체코슬로바키아공화국 정부가 개최한 축제를 보려고 75만 명의 시민들이 프라하에 몰려들었다. 지금도 해마다 그날에는 성당마다 대대적인 추모 미사를 연다. 카렐 4세가 실제적 국가 창설자라면 성 바츨라프는 정신적 국가 창설자이다. 생일이 확실치 않아서 사망한 날을 정신적인 국경일로 삼았다. 통치자로서 거론할 만한 업적도 없고 재위 기간도 짧았지만 도덕적 정치적 비난을 받을 일을 하지 않았다는 게 중요하다. 게다가 보헤미아의 자존을 지키려고 외세에 대항하다가 사악한 동생의 손에 목숨을 빼앗겼다. 긴 세월 외세와 종교권력의 억압과 핍박을 받으며 자존과 독립을 갈구했던 보헤미아 민중이 역사에서 그를 불러냈다. 영웅은 탄생하는 게 아니다. 민중이 찾아내고 만든다.

광장의 얀 팔라흐

　성 바츨라프 기마상을 등지고 조금 내려오자 얕은 관목 울타리에 둘러싸인 추모 석판이 있었다. 기마상 옆에서 분신했던 청년 얀 팔라흐와 얀 자이츠 추모 장소였다. 관광객들이 석판의 글귀를 들여다보고 있었는데 노인과 청소년이 많았다. 광장 주변에 줄지어 선 관광버스를 보니 효도여행과 수학여행을 온 노인과 학생들이 아닌가 싶었다. 기마상이 보헤미아 민족주의를 상징한다면 그 소박한 석판은 자유의 아이콘이었다. 얀 팔라흐(Jan Palach)는 1969년 1월 19일 국립 박물관과 기마상 사이 공간에서 자신의 몸에 불을 붙였다. 한 달 후 얀 자이츠(Jan Zajíc)가 같은 곳에서 같은 행동을 했고 두 달이 지난 뒤에는 다른 도시에서 또 다른 청년이 분신했다. '프라하의 봄'을 폭력으로 짓밟은 소련의 압제에 대한 항거였다.

'프라하의 봄'은 1956년 가을에 일어났던 헝가리 반소 민주주의 혁명과 거의 같은 사건이었다. 1968년 봄 지식인들과 대학생들의 투쟁과 민중의 지지에 힘입어 체코슬로바키아공산당 서기장이 된 슬로바키아 태생의 반나치 전사 출신 두브체크(Alexander Dubček, 1921-1992)는 '인간의 얼굴을 한 사회주의'라는 구호를 내세워 중앙집권적 관료주의적 경제체제를 자유화하고 복수정당제와 언론의 자유를 보장하는 민주화 개혁을 추진했다. 소련 정부는 이러한 흐름이 동유럽 전체로 퍼져나가는 사태를 막으려고 1968년 8월 21일 군사개입을 감행했다. 동독과 루마니아를 제외한 폴란드·헝가리·불가리아 등 바르샤바조약기구의 50만 병력이 탱크를 앞세우고 체코슬로바키아를 침략해 주요 도시를 점령했다. 체코 사람들은 헝가리 사람들과 달랐다. 그들은 프라하 시내에서 격렬한 전투를 한 적이 없다. 싸울 만하다 싶으면 후스전쟁 때처럼 외곽에 나가서 싸웠고 도저히 이길 수 없다고 판단하면 싹싹하게 항복했다. 헝가리 사람들은 비웃지만 체코 사안 팔라흐와 안 자이츠 추모 석판.

람들의 태도를 마냥 비난하기는 어렵다. 전투라고 할 만한 전투 없이 상황이 종결되었기 때문에 전사자는 양측을 다 합쳐도 150여 명에 지나지 않았다. 헝가리 반소혁명 때처럼 이번에도 나토는 소련과의 전면전을 피하려고 군사적 대응을 회피했다.

두브체크와 개혁파 지도자들이 모스크바로 잡혀가고 체코슬로바키아공산당이 굴복했는데도 끝까지 무기를 들고 싸운 시민 백여 명이 목숨을 잃었다. 밖에서 응원한 것은 동독 시민들뿐이었다. 소련의 침략을 규탄하고 체코슬로바키아 시민들을 응원하는 시위를 하다가 1천 명이 넘게 체포 구금되었다. '프라하의 봄'이 허망하게 끝나자 10만여 명의 체코슬로바키아 국민이 나라밖으로 탈출했고 7만여 명은 여름휴가에서 돌아오지 않았다. 주로 숙련 노동자와 지식인이었던 그들은 오스트리아와 독일로 망명했다. 1989년 여름 동독에서 벌어졌던 것과 똑같은 사태였다. 그 해가 저물 무렵까지 개혁에 동참했던 공산당원 50만 명이 당적을 박탈당했다.

얀 팔라흐는 모든 게 끝난 것처럼 보였던 새해 벽두에 분신했다. 카렐대학교에서 역사학과 경제학을 공부하던 그는 소련의 침략에 항거하고 체코슬로바키아의 자주독립에 대한 열정을 표현하려고 그렇게 했다. 팔라흐의 장례식은 대규모 시위로 번졌다. 그러나 압제의 밤은 끝나지 않았고 팔라흐는 민족의 자존과 자유를 갈망한 보헤미아 민중의 별이 되었다. 독일로 망명한 체코 천문학자는 자신이 발견한 소행성에 팔라흐의 이름을 붙였다. 20년 후 소련 공산주의가 무너지자 프라하 시민들은 그가 목숨을 던진 곳에 청동상을 세우고 카렐대학교 철학부 앞 강변의 광장을 얀 팔라흐 광장으로 개명했다. 두브체크는 길었던 강제 망명 생활을 끝내고 돌아와 연방의회 의장이 되었지만 얼마 지나지 않아 교통사고 후유증으로 세상을 떠났다. 헝가리의 너지 임레 총리보다는 운이 좋았다.

바츨라프 광장은 평화로웠다. 가지런히 놓아둔 관목 화분 울타리 바깥 일방통행로에는 자동차가 서행했고 그 너머에는 비엔나 스타일의 다양한 건물들이 어깨를 붙이고 이어졌다. 광장 쪽으로 얼굴을 내민 크지 않은 건물 중에는 오래된 호텔이 여럿 있었다. 저런 곳에 묵으면 좋겠다 싶어 검색해 보았더니 내 능력으로는 감당할 수 없을 정도로 숙박료가 비쌌다. 광장 북서쪽 끝, 수백 년 동안 성벽이 있었던 곳의 카페 노천 테이블에서 커피를 마시면서 오가는 사람들을 구경했다. 다시는 이 광장에 분하고 억울해서 스스로 목숨을 끊는 이가 나오지 않기를 기원하면서.

프라하성

프라하성지구에는 '황금골목'이 있다. 황금이 있어서가 아니라 작가 프란츠 카프카의 흔적이 남은 곳이라 빠뜨릴 수 없었다. 지하철을 타고 흐라드찬스카(Hradčanská)역에 내렸다. 국방부 청사를 끼고 뻗어 있는 큰길에 훤칠한 가로수가 도열해 있었다. 의장대 사열을 받으며 걷는 기분이었다. 블타바 좌안의 비탈 위에서 구시가를 내려다보는 프라하성(Pražský hrad)은 건축 시기와 스타일이 저마다 다른 여러 건물이 한 덩어리로 얽힌 복합 공간이다. 보헤미아의 왕들과 신성로마 바츨라프 광장에 얼굴을 내밀고 어깨를 맞댄 부티크 호텔들.

제국 황제가 거주했고, 지금은 대통령 관저가 있으며, 주변에는 국방부와 문화부를 비롯한 정부 부처 청사와 외국 대사관들이 포진해 있었다.

프라하성지구를 속속들이 보려면 하루를 다 써도 모자랄 것 같았다. 궁전과 정원이 여럿이었고 유명한 성당이 둘 있었으며 국립 미술관으로 쓰는 수도원과 화약탑까지 중세 종교권력과 세속권력의 힘을 보여주는 건축물과 공간이 즐비했다. 여기에다 달리보르탑과 황금골목, 연금술 박물관에다 전망 좋은 테라스를 갖춘 귀족의 저택들까지 있어서 사람이 너무나 많았다. 남들이 가는 경로를 따르는 수밖에 없었다. 우리는 흐라드찬스카 광장에서 마차시 게이트로 진입해 구왕궁-성 비타 성당-성 이르지 성당-황금골목-달리보르탑-롭코비츠 궁전을 거쳐 마네수프 다리 근처 강변으로 내려왔다.

마차시 게이트(Matyášova brána)로 가다가 길모퉁이에서 국립 미술관 쪽을 바라보고 선 토마시 마사리크(Tomáš Masaryk, 1850-1937)의 소박한 동상을 만났다. 1918년 체코슬로바키아공화국의 첫 대통령이었던 사람이다. 대학생 시절 유럽사 책을 읽다가 그를 알았다. 마사리크는 체코의 변방인 모라비아 태생이다. 아버지는 마부, 어머니는 하녀였고 어릴 때부터 견습공으로 일했다. 그런 사람이 대통령이 되어 17년 동안이나 나라를 이끌었다는 사실은 백여 년 전 보헤미아에 엄청난 역사의 격랑이 밀어닥쳤음을 시사한다.

마사리크는 재능과 열정을 품은 젊은이였다. 공장에서 일하면서 공부를 계속해 빈대학교에서 철학박사 학위를 받았고 독일 라이프치히대학에 유학하면서 미국인 음악가와 혼인했다. 프라하로 돌아와 교수로 일하면서 학술지를 창간하고 보헤미아의 역사를 연구하다가 마흔 살에 정치에 뛰어든 그는 제국의회의 진보 야당 지도자가 되었다. 제1차 세계대전이 터지자 서유럽으로 망명해 독일/합스부르크제국과 투쟁하면서 체코와 슬로바키아를 통합한 국가 창설 비전을 제시했다. 사회주의혁명이 일어난 러시아에서 체코슬로바키아 독립군을 조직하는 한편 미국으로 건너가 우드로 윌슨 대통령에게 유럽의 질서 재편 방안을 제안했다. 전쟁이 끝나자 승전국들의 협조를 받아 자신이 설계한 대로 국경선을 확정한 그는 체코슬로바키아공화국 대통령으로 연속 네 번 뽑혔다. 히틀러의 정권 장악을 심각하게 걱정했던 마사리크는 퇴임 얼마 후에 세상을 떠났다. 잠시 모자를 벗고 마사리크의 동상 앞에서 묵념했다. 관광객들이 그런 나를 힐끔거리며 지나갔다.

'프라하 제2차 창문투척사건'의 현장이었던 구왕궁(Starý Královský Palác)은 그리 특별하지 않았다. 12세기 이후 4백 년 동안 통치자의 거처였지만 합스부르크에 왕권이 넘어간 16세기 이후에는 법원이나 의회 사무 공간으로 사용했기 때문에 평범한 공공건물로 보였다. 풋살 경기장만큼이나 큰 메인 홀에서 왕과 귀족들이 무도회를 즐겼다지만 지금은 그저 천장이 높은 방일 뿐이었다.

프라하성지구에서는 한 도시에서 종교건축물은 하나만 본다는 원칙을 지키기 어려웠다. 마차시 게이트를 들어서면 성 비타 성당과 성 이르지 성당을 지나지 않고는 황금골목에 갈 수가 없었다. 성 비타 성당은 체코에서 가장 큰 종교건축물이다. 카렐 4세의 명으로 14세기 중반 짓기 시작할 때는 고딕 양식으로 설계했지만 본체와 실내

시설을 만드는 데 2백 년이나 걸렸고, 그사이에 유행이 바뀌자 설계를 변경해 르네상스 양식으로 완공했다. 17세기에는 바로크 스타일로 증축했고, 1929년 마지막 증축작업을 완료했을 때는 좌우에 99미터짜리 첨탑 두 개를 거느린 지금의 신고딕 양식 건물이 되었다. 이 성당은 틴 성당과 달리 정치적 색채를 물씬 풍겼다. 왕의 대관식을 열었고 왕족과 얀 네포무츠키를 비롯한 가톨릭 성인들의 관도 안치했다. 국가 소유이고 가톨릭교회가 운영하는 성 비타 성당의 외관은 신고딕 스타일이라 차갑고 권위적이었지만 내부는 정겹고 아늑했다. 실내에 곡선이 많고 스테인드글라스와 장미창이 예쁘고 깨끗해서 그런 게 아닌가 싶었다.

내친김에 성 이르지 성당에도 잠깐 시간을 들였다. 체코에서 가장 오래된 이 성당은 룩셈부르크 가문으로 왕권이 넘어간 14세기 초까지 보헤미아를 지배했던 프르셰미슬 왕가의 영묘였다. 920년에 신축한 최초의 건물은 화재 사고로 무너졌고 12세기에 재건축한 것이 지금까지 존속하고 있다. 원래는 소박하고 부드러운 느낌을 주는 로마네스크 양식이었는데 룩셈부르크 가문이 왕권을 차지한 직후 고딕 스타일로 증축했고 17세기에는 전면부를 화려한 바로크 스타일로 개조하고 얀 네포무츠키 예배당을 만들었다. 성 이르지 성당의 실내 공간은 곡선을 살린 로마네스크 양식이 남아 있어서 마음이 편했다.

강 건너에서 보는 프라하성지구.

카프카와 달리보르

　성 이르지 성당을 지나 황금골목(Zlatá ulička)에 들어섰다. 성벽에 기대어 지은 집들이 정말 사람이 살았을까 의심스러울 정도로 작았다. 옛날에는 체코 사람들도 몸집이 작았나? 자료를 들춰보니 정말로 사람이 살았던 골목이었다. 처음에는 대장장이를 비롯한 수공업자들이 나무로 집을 지어 살았고 16세기에는 프라하 수비대 숙소가 들어왔다. 하지만 이름과 달리 연금술사들의 작업장이나 살림집이 있었다는 증거는 전혀 없다고 한다.

　프라하성지구에는 해마다 관광객이 2백만 명이나 오는데 이 골목을 그냥 지나치는 이는 드물다. 뭐 대단한 게 있어서가 아니다. 파리의 몽마르트르 언덕처럼 이곳도 주거환경이 나빠서 임대료가 저렴해 가난한 사람들이 살았는데 예술가 또는 예술가의 지인이 더러 섞여 있었다. 황금골목을 관광의 핫플레이스로 만든 사람은 프란츠 카프카(Franz Kafka, 1883-1924)다. 1916년 카프카의 누이 하나가 골목의 22번 집에 세를 들었는데 그해 겨울 동안 카프카가 머물면서 글을 썼다. 체코 정부가 1950년대에 골목을 복원해 안팎을 알록달록하게 꾸민 기념품점들을 들여놓았을 때 미리 예측했는지는 모르겠지만, 파란색으로 칠한 '카프카의 누이 집'은 프라하의 가장 인기 있는 관광상품이 되었다. 중국 사람들이 안팎을 모두 차지하고 사진을 찍는 중이라 우리는 들어갈 엄두를 내지 못했다. 원래는 성벽 쪽에만 집이 있었던 것과 달리 골목 양편 모두 집을 지어 놓았으니 카프카가 머물렀던 집이 지금과는 다른 자리에 있었을 수도 있다. 하지만 카프카의 흔적을 찾아온 이에게 그런 것이 뭐 중요하겠는가.

카프카가 오늘의 황금골목을 본다면 뭐라고 할까? 당황스러워서 아무 말도 하지 못할 것이다. 그의 인생을 생각하니 빈센트 반 고흐의 그림을 볼 때보다 더 안쓰러운 마음이 들었다. 독일어를 쓰는 프라하 유대인 집안에서 태어난 카프카는 평생 불운과 고독에 짓눌리며 살았다. 육식동물 스타일의 자수성가한 사업가였던 아버지는 소심하고 예민한 아들을 불신하고 멸시했다. 어머니는 남편의 사업을 돕느라고 집에 없었다. 어린 시절 두 살 터울 남동생 둘이 병으로 죽었다. 누이 셋은 후일 나치 수용소에서 목숨을 잃었다.

카프카는 문학과 예술에 마음이 끌렸지만 아버지의 압박을 견디지 못해 법학을 공부했다. 낮에는 보험회사에서 일하고 밤에는 글을 썼다. 몇몇 여인과 사귀었으나 누구와도 혼인하지 못했다. 독일인은 유대인이라고, 유대인은 시온주의에 동조하지 않는다고 그를 배척했다. 몇 작품을 출간했지만 아무런 주목을 받지 못했고 책이 팔리지도 않았다. 편두통·불면증·우울증을 달고 살다가 결핵에 걸렸고, 빈 근교의 요양원에서 외롭게 죽었다. 몸은 프라하 유대인 묘지에 묻혔다. 한때 연인이었던 도라 디아만트에게 맡긴 원고와 편지는 나치 비밀경찰이 빼앗아 없애버렸다. 전기작가이자 절친이었던 막스 브로트가 카프카의 글을 출간하지 않았다면 우리는 그의 존재를 알지 못했을 것이다.

카프카는 《변신》·《유형지에서》·《심판》·《성》 같은 작품을 삼십 대에 썼다. 그는 자신의 글이 인간 내면의 얼어붙은 바다를 부수는 도끼가 되기를 바랐다. 카프카의 작품을 읽어본 사람이라면 그가 황금골목 카프카의 집 앞, 사람이 많아 들어가기가 쉽지 않았다.

자신의 의도를 초지일관 밀고 갔다는 데 동의할 것이다. 위대한 작품
을 남겼으나 외로움과 고통으로 얼룩진 인생을 살았던 사람, 그 사람
이 머물렀다는 것 말고는 아무 특별함도 없는 곳에서 지구 곳곳에서
온 관광객들이 해맑게 웃으며 기념사진을 찍고 있었다. 카프카가 옳
았다. 우리의 삶과 우리가 만든 세상은 역설과 부조리로 가득하다.

　　황금소로가 끝나는 곳에 달리보르카(Daliborka)라는 특이한 공간
이 있었다. 지붕이 없어서 위가 열린 둥근 화약탑이었다. 보헤미아 시
골의 하급 귀족 달리보르가 사형을 기다리며 갇혀 있었던 일 때문에
달리보르카라는 이름이 붙었다. 달리보르는 무슨 죄를 지었기에 사
형을 당했고, 체코 사람들은 왜 그를 잊지 않은 것일까? 후스전쟁 후
였다. 보헤미아 경제 상황은 엉망이 되었는데도 지주들의 탐욕은 줄
어들지 않았다. 보헤미아 북동 지역의 한 마을에서 농민들이 들고일
어나 지주를 쫓아낸 다음 달리보르한테 마을 행정을 맡아달라고 부
탁했다. 지주가 그 청원을 수락한 달리보르를 고발했고 법원은 유죄
를 선고했다. 달리보르는 프라하로 붙잡혀 와 성의 화약탑에 구금되
었다가 1498년 재산과 직위를 박탈당하고 처형당했다. 남의 영지를
강탈한 범죄자가 된 것이다. 그러나 보헤미아 민중은 그를 농민들을
지켜준 의인으로 평가했다. 탐관오리 조병갑, 고부 민란, 동학혁명,
녹두장군 전봉준이 떠올랐다. 이 사건이 두고두고 예술 작품의 소재
가 되었는데, 드보르작과 더불어 체코의 국민음악가로 사랑받는 스
메타나(Bedřich Smetana, 1824-1884)의 오페라 〈달리보르〉가 대표 사례라
할 수 있다.

　　달리보르카 아래편 카페의 테라스에서 맥주를 마시며 프라하를

달리보르카에 전시해둔 고문도구,
달리보르와 직접 관련되었는지 여부는 모른다.

내려다보았다. 왕궁 아래 집들의 지붕, 블타바, 건너편 구시가 풍경
이 훤히 보였다. 강변으로 내려가는 골목의 길게 이어진 돌담길이 정
겨웠다. 트램을 타고 구시가로 돌아와 적당한 식당을 찾다가 한국 도
시 어디에서나 볼 수 있을법한 옥호를 가진 중국 식당을 하나 발견했
다. 프라하성에서 생각보다 긴 시간을 쓰는 바람에 점심시간을 놓쳤
고 몹시 배가 고팠다. 한국을 떠나온 후 1주일 넘게 현지 음식만 먹어
서 그런지 빵이 아닌 밥을 먹고 싶기도 했다. 우리는 중국 음식을 먹
기로 의기투합했다.

　유럽의 중국 식당은 다 비슷하다. 짜장면과 짬뽕이 없는 게 아쉽
지만, 다른 음식들은 식재료와 조리법 모두 한국과 큰 차이가 없고
밥도 곁들여 나온다. 돼지고기며 닭고기며 이것저것 시키면서 메뉴
를 보니 중국술이 없고 맥주뿐이었다. 배갈이나 고량주를 영어로 뭐
라고 하는지 몰라서 우리끼리 말을 주고받았다. "중국술이 있으면 좋
을 텐데." "혹시 공부가주 같은 건 없나 물어볼까?" 후덕해 보이는 아
주머니가 주문을 받다가 활짝 웃었다. "공부가주? 있어요!" 그러더니
홀 벽에 붙은 벽장을 뒤져 빛바랜 종이 라벨이 붙은 공부가주 큰 병
을 꺼내왔다. 공부가주는 중국 말이나 우리말이나 같은 모양이다. 넷
이서 체코 맥주에 공부가주를 말아먹기도 하고 그냥 마시기도 했는
데, 술도 오르고 과식을 하기도 해서 더는 걸을 수가 없었다. 호텔에
서 해 질 녘까지 늘어지게 잠을 잔 다음, 카메라를 들고 카렐교 교탑
에 올라가 프라하가 둥실 떠오르는 장면을 다시 찍었다. 한 번에 좋
은 사진을 얻기는 어렵다고, 아내가 말했다. 종종 있었던 일이다. 내
가 사진작가 보조로 따라온 느낌이었다.

페트르진 전망탑

나흘째인 마지막 날, 소풍 다니는 기분으로 이곳저곳을 쏘다녔
다. 도시에서 제일 높은 곳에 오르는 일을 빼놓을 수 없어서 강 건너
프라하성지구 바로 남쪽의 페트르진(Petřín) 전망대로 갔다. 트램노선
과 연결되는 우에즈드(Ujezd)역에서 푸니쿨라를 타면 간단한데, 그걸
몰라서 메트로 A선과 143번 시내버스를 갈아타고 스트라호프(Strahov)
수도원 근처에 내렸다. 그렇지만 헤매지 않았다면 보지 못했을 풍경
을 보아서 좋았다. 12세기에 세운 스트라호프 수도원은 화재와 종교
전쟁, 사회주의 등 여러 시련을 겪는 과정에서 연구기관이나 박물관
으로 용도가 바뀐 끝에 수도원과 도서관, 박물관, 미술관 등 여러 기
능을 보유한 문화공간이 되었다. 12세기 성립했던 보헤미아 최초의
왕조 이름을 딴 스트라호프지구를 걸어 페트르진 전망대로 가는데
주변 풍경에서 사회주의 냄새가 났다. 정말 그랬다. 페트르진 언덕의
서쪽 스트라호프지구는 프라하 최대의 사회주의 생활체육 공간이었
다.

스트라호프 스타디움은 멀리서 보기에 버려진 폐허 같았지만 알
고 보니 그게 아니었다. 국제규격 축구장 아홉 개와 맞먹는 크기의
운동장에 최대 25만 명을 수용하는 관중석, 유네스코 세계문화유산
이 된 그 세계 최대 스타디움은 축구선수들의 훈련장과 팝 콘서트 공
연장을 겸하고 있었다. 청소년 체육을 진흥할 목적으로 1926년 목재
로 짓기 시작했다가 콘크리트로 소재를 변경한 그 스타디움에서 사
회주의 시대에는 집단 체조와 집단 댄스, 국제 친선 운동경기, 모터사

멀리서 본 스트라호프 경기장, 사회주의체제의 거대한 유산.

이클 경기, 군인체육대회를 열었다. 체제 전환 직후였
던 1990년의 롤링 스톤즈 콘서트에는 10만 관객이 모
였고 본 조비, 핑크 플로이드, U2도 공연을 했다. 마
당에 잡초가 자라고 무너질 염려가 있어서 철거를 검
토했지만 프라하 시정부가 운영권을 넘겨받아 지금
의 운영체계를 수립했다. 여러 보조 경기장과 유스호
스텔로 쓰는 옛 기숙사 등 부속건물을 포함해 스트라
호프지구 전체를 올림픽 시설로 개조하는 프로젝트
를 추진하는 중이라고 한다.

　　우리는 스타라호프 수도원을 지나 이정표도 없는
풀밭 길을 걸으며 어마어마한 스타디움을 보았고, 기
숙사 건물 옆을 돌아 몇 번이나 지나는 사람에게 길을
물어본 끝에 전망대가 보이는 장미정원에 진입했다.
재미난 경험이었다. 부다페스트와 달리 프라하 시내
에서는 얀 팔라흐 추모비 말고는 사회주의체제에 대
한 기억을 소환하는 것이 없었다. 건축물과 공간만 보
면 프라하는 왕정에서 공화정으로 바로 넘어온 도시
같았다. 푸니쿨라를 타고 쉽게 전망대에 올랐다면 '사
회주의 체육단지'라는 역사의 화석을 만나지 못했을
것이다.

　　페트르진은 블타바 수면보다는 120미터 높은 바
위 언덕으로 이름도 라틴어 페트라(petra, 암석)에서 나
왔다. 프라하 시민들이 제일 좋아하는 레저 공간이어

페트르진 전망탑에서 본 프라하.

서 밀란 쿤데라의 《참을 수 없는 존재의 가벼움》을 비롯해 체코 문학
작품에 흔히 등장한다. 고대부터 채석장으로 썼으며 카렐 4세가 그
돌로 쌓은 방어용 성벽의 일부가 지금까지 남아 있다. 여기에서 파리
의 문화적 영향력을 새삼 확인했다. 파리스카 거리가 샹젤리제의 축
소형이었던 것처럼 1891년 세계박람회 때 세운 전망탑도 에펠탑의
'다운 그레이드 버전'이었다. 에펠탑보다 작고 사각형이 아니라 팔각
형이었으며 철골이 상대적으로 약해 보였다. 그러나 어쨌든 그 전망
대는 프라하와 블타바를 볼 수 있는 가장 높은 곳이어서 해마다 손님
이 60만 명 넘게 찾아온다.

　　전망탑 아래 조그만 가게가 있었다. 초콜릿 아이스바로 당을 보
충한 다음 푸니쿨라를 타고 내려왔다. 푸니쿨라 중간 지점의 간이정
거장에 아담하고 고풍스러운 호텔과 레스토랑이 있었다. 야외 테이
블에서 점심을 먹으면 맛이 두 배가 될 듯했지만 바람이 심하게 불어
서 실행하지 못했다. 낯선 도시에서도 레스토랑은 왜 이리 잘 보이는
지 모르겠다.

댄싱하우스, 큐비즘 박물관

　　노면전차를 타고 이라스코보 나메스티(Jiráskovo náměstí) 정류장에
내려 '댄싱하우스'를 보았다. 이라스쿠프 다리(Jiráskův most) 바로 앞에
있는 이 집은 너무나 독특하고 유명해서 꼭 보고 싶었다. 캐나다 태
생의 미국인 건축가 게리(F. Gehry)와 크로아티아 출신 체코 건축가 밀

루니치(V. Milunić)가 함께 설계해 1996년 준공했는데 건축비는 네덜란드 보험 회사가 후원했다. 원래 있던 건물은 미국 공군의 폭탄을 맞아 완전히 부서졌고 대지는 내내 비어 있었다. 그런데 인접한 땅의 소유자가 이른바 '벨벳혁명'으로 사회주의체제를 종식한 체코공화국의 첫 대통령 바츨라프 하벨이었다. 하벨은 문화센터가 되기를 원했지만 댄싱하우스는 사무용 빌딩이 되었다. 설계자들은 건물 이름을 미국 페어 댄서 진저 로저스와 프레드 아스테어에 빗대어 'Ginger and Fred'라고 지었지만 프라하 시민들은 '춤추는 집(Tančící dům)'이라고 한다.

댄싱하우스는 정말 페어 댄서를 닮았다. 겉이 유리이고 허리가 잘록한 '진저'는 동적(動的)이다. '진저'를 붙들고 있는 '프레드'는 정적(靜的)인 석재건물이다. 설계자들은 음(陰)과 양(陽)이라는 중화 문명의 철학 개념을 적용했다고 하지만, 전체주의를 버리고 민주주의를 선택한 체코공화국의 역사적 변화를 표현한 디자인이라는 해석이 더 그럴듯했다. 신시가여서 주변에 고딕, 바로크, 오스트리아-헝가리 제국 시대의 아르누보 양식 건물이 많았는데도 댄싱하우스는 오래된 집들과 조용히 어울려 있었다.

댄싱하우스는 기술적 난이도가 높은 건물이다. 건물 허리를 잘록하게 하려고 콘크리트 판넬의 모양과 두께를 조절하고 철골을 비틀었다. 내부 공간도 비틀렸기 때문에 실내 공사도 쉽지 않았다. 처음에는 로비와 2층에 상업시설을 넣고 그 위로 여섯 층은 기업의 사무 공간으로 만들었으며 꼭대기에 레스토랑을 열었다. 그러나 2016년 리노베이션을 할 때 두 개 층에 진저와 프레드의 이름을 단 럭셔리 호

텔이 들어왔고 레스토랑은 7층으로 내려갔다. 8층에는 바가 입주했고 갤러리도 하나 생겼다. 구조와 용도에서 이름까지, 땅 주인과 설계자와 재정후원자를 포함해, 댄싱하우스는 그 누구의 희망도 전적으로 받아들이지도 완전히 무시하지도 않았다.

큰길 건너에서 '진저와 프레드'의 자태를 감상하다가 근처 건물의 외벽 앞에 사람들이 모여 있는 것을 보았다. 다들 벽을 올려다보고 있었다. 뭐가 있나 궁금해서 가보았더니 외벽에 체코 말이라 내용을 알 수 없는 동판이 붙어 있었다. 하지만 '1942년 6월 18일'이라는 날짜와 아돌프 오팔카(Adolf Opalka), 요제프 발치크(Josef Valcik), 얀 흐루비(Jan Hruby)라는 사람의 이름은 알아볼 수 있었다. 그들의 얼굴을 부조한 동판 아래 꽃이 놓인 것으로 보아 그것은 추모 시설이었다. 재빨리 날짜와 이름을 검색했다. 그곳은 영화 〈작전명 유인원(Operation Anthropoid)〉에 나온 총격전의 실제 현장 가운데 하나였다.

히틀러가 보헤미아를 침공했을 때 체코공화국의 군인으로서 복무하고 있었던 세 사람은 1942년 6월 18일 프라하 거리에서 나치 돌격대(SS)를 지휘하면서 홀로코스트를 설계했던 보헤미아 점령군 사령관 하이드리히(R. Heydrich)를 습격했다. 하이드리히의 승용차에 대전차 수류탄을 투척하고 총탄을 퍼부었지만 표적을 제거하는 데 실패했다고 판단한 그들은 하이드리히가 부상에서 회복하지 못하고 죽었다는 사실을 모른 채 댄싱하우스 건너편의 성당에 은신했다가 추적해 온 독일군과 격렬한 총격전을 벌이다 전사했다. 동판의 세 사람은 체코의 안중근, 보헤미아의 윤봉길이었다.

댄싱하우스 일대에는 알로이스 이라세크(Alois Jirasek, 1851-1930) 기

보헤미아를 침공한 나치 돌격대 사령관을 응징한 보헤미아 전사들.

념시설이 많았다. 정류장, 다리, 광장에 모두 그의 이름을 붙였고 강변 공원에는 동상도 있었다. 이라세크는 보헤미아 민중봉기와 후스 전쟁을 소재로 한 역사소설로 보헤미아 민중의 사랑을 받았으며 여러 차례 노벨문학상 후보에 오르기도 했던 체코의 '국민작가'였다. 이라스쿠프 다리 아래 보트 호텔과 레스토랑이 있기에 빈의 도나우 운하 레스토랑을 떠올리며 들어가 보았다. 빈과는 달리 배 모양으로 만든 콘크리트 건물이 아니라 나무로 지은 진짜 보트였다. 포도주와 맥주를 마시고 쇠고기 안심구이와 해산물 파스타를 먹었다. 안심구이도 괜찮았지만 파스타가 일품이었다. 찰진 식감으로 미루어 생면을 쓴 것 같았다. 풍성한 구레나룻, 넉넉한 뱃살, 흰색 앞치마, 유순한 미소, 이탈리아 사람임에 분명한 주방장의 솜씨는 로마 도심 번화가 식당을 능가했다. 프라하에서는 전통음식을 찾기보다 유동인구가 많은 곳의 손님 많은 식당에서 그 식당의 대표 음식을 먹는 게 현명한 선택임을 다시 확인했다.

마지막 오후를 조용하고 문화적인 분위기에서 보낼 심산으로 큐비즘 박물관을 찾았다. 큐비즘(Cubism, 입체파)은 20세기 초 파리에서 탄생했는데, 피카소(Pablo Picasso)와 조르주 브라크(Georges Braque)가 주역이었다. 큐비즘 작가들은 존재하는 것을 보이는 대로 재현하는 전통적 기법을 거부했다. 원근과 명암을 무시했으며 색채와 공간을 분해하고 재조립했다. 평면인 화폭을 입체로 보이게 했으며 신문지나 담배 케이스 같은 재료를 그림에 결합시켰다. 출발은 회화였지만 조각, 건축설계, 실내장식, 공예 등 여러 분야로 퍼져나갔다.

제1차 세계대전이 터지기 전까지 프라하는 파리 다음으로 큐비즘 운동이 활발한 도시였다. 그때까지 빈 분리파의 영향권에 있었던 보헤미아 예술가들은 큐비즘을 받아들여 표현주의(Expressionism)와 결합했다. 고흐나 뭉크의 작품에서 보듯 표현주의 예술가들은 선과 색채를 왜곡 과장해 강렬한 감정을 드러냈다. 이 둘을 결합했던 체코 예술가들은 스탈린의 '미학적 독재' 시기에 정체를 감추고 숨을 죽이고 있다가 1989년 벨벳혁명 이후 감추었던 자신들의 스타일을 드러냈다. 피라미드와 크리스털 결정 형태의 조형은 건축, 가구공예, 응용미술 등의 분야에서 체코 큐비즘 특유의 스타일로 인정받았다.

큐비즘 박물관은 구시가 변두리의 이른바 '검은 성모의 집'이었는데, 1층은 티켓 오피스와 기념품점이고 2층은 '그랜드 카페 오리엔트' 레스토랑이었다. 기둥과 창문과 발코니에 큐비즘 요소를 넣은 이 집은 강화 철골 콘크리트 건축물로 요제프 고차르(Josef Gočár)라는 건축가가 1912년 지었다. 실내 기둥을 없애 내부 공간을 넓힌 것은 당시에는 혁신적인 건축기술이었다. 고차르가 손수 설계한 그랜드 카페 오리엔트 레스토랑은 지금까지도 원래 모습 그대로 남아 있다.

큐비즘 박물관은 외벽 2층 모서리에 검은 돌로 만든 여인상이 있어서 다들 '검은 성모의 집'이라고 한다. 고차르가 원래 그 자리에 있었던 귀족의 저택에서 찾은 여인상을 재활용한 것일 뿐 성모상은 아니었다. 유럽 기독교도들은 여인상을 보면 곧장 성모 마리아를 연상하는 듯하다. 백화점이었던 그 집은 나중 은행과 사무실로 바뀌었고 카페도 1층과 2층을 오르내렸는데, 두 차례 세계대전에서 프라하가 심각한 폭격 피해를 당하지 않은 덕에 온전하게 살아남았다. 사회주의 시대에는 크게 주목받지 않았으며 체제 전환 이후에는 예술문화

그 자체가 예술품인 큐비즘 박물관의 실내 풍경.

센터였다가 2003년 대대적인 보수공사를 거쳐 큐비즘 박물관으로 변신했다. 카페에서 계단을 올라가니 1910년대 체코 큐비즘 작품에 초점을 맞춘 상설전시장이 있었다.

전시품은 그다지 인상적이지 않았다. 원래 놓여야 할 자리에 있는 게 아니어서 그렇게 보였을 것이다. 그러나 박물관 그 자체는 매우 훌륭한 예술품이었다. 특히 카페가 그랬다. 테이블과 의자, 벽장식과 상들리에를 1912년 최초 개장 당시의 사진을 참고해 재현하고 현재 활동 중인 큐비즘 예술가들이 기부한 소품들을 적절한 곳에 놓아두었다. 더블에스프레소 한 잔을 놓고 백 년 전 분위기를 느끼고 있는데 체격이 아담하고 나이 든 남자가 피아노를 쳤다. 그는 클래식과 〈마이 웨이〉 같은 대중가요를 번갈아 연주했다. 시간여행을 하는 기분을 선사하는 '살아 있는 박물관'이었다. '카프카도 여기에서 나처럼 에스프레소를 마셨는지 몰라.' 그 여운을 간직하고 싶어 기념품점에서 세로줄 무늬 큐비즘 디자인이 든 티셔츠와 머그잔을 샀다. 나른한 휴일 오후, 프라하가 생각나면 나는 그 머그잔에 핸드드립 커피를 담아 마신다.

블타바 재즈보트

프라하의 마지막 일정은 '블타바 재즈보트'였다. 저녁 여덟 시 반, 아직 어둡지 않은 시각에 시내 선착장에서 출발한 재즈보트는 우리나라의 관광버스 비슷했다. 아래층 선실에서 밴드가 두 시간 반 내내 공연을 했다. 음악은 사피엔스의 공통 언어여서 '만국의 여행자들'은 쉼 없이 춤을 췄다. 갑판 탁자에 와인 잔을 올려두고 보는 야경은 예뻤지만 아주 잠깐이었다. 유람선과 야경은 역시 부다페스트가 최고였다. 프라하성과 구시가의 불빛이 멀어진 뒤로는 이렇다 할 볼거리가 없었다. 음식과 와인은 그럭저럭 먹을 만했고 습기를 머금은 밤공기는 그보다 더 좋았다.

블타바는 프라하 북쪽에서 엘베강 본류를 만나 독일 드레스덴으로 흐른다. 엘베는 계속 북으로 달려 함부르크에서 북해로 들어간다. 우리는 내일 아침 기차를 타고 엘베계곡을 지나 드레스덴으로 갈 것이다. 그런데 '여울'인 프라하 구간에 어떻게 유람선이 다닐 수 있을까? 재즈보트를 타보니 이유를 알 수 있었다. 보와 갑문이 있어서였다. 블타바의 프라하 시내 구간 남북에 콘크리트 보가 있었다. 그래서 시내에서 본 블타바는 여울 같지 않았고 작은 놀이 보트가 떠있었던 것이다. 유람선은 보의 수심 깊은 쪽 끝부분에 설치한 이중 갑문으로 통행했다.

열한 시에 하선해 틴 광장 아래 숙소까지 구시가를 마지막으로 걸었다. 금요일 심야의 술집과 카페는 여전히 사람으로 북적였다. 단체 여행을 온 독일 남자들이 맥주잔을 들고 건배 구호를 외치는 소리가 쩌렁쩌렁 울렸고 흐트러진 발걸음으로 걷는 이도 흔했다. 한껏 데워져 열기를 내뿜는 길바닥 위로 포도주와 맥주 냄새를 실은 바람이 불었다.

프라하는 아름다웠다. 왕궁과 교회, 거리와 강, 카페와 박물관, 모든 것이 아기자기하게 예뻤다. 그 무엇도 대단하다고 할 수 없었지만 무얼 해도 괜찮을 듯한 프라하 구시가 밤거리의 분위기.

프라하 자체는 대단했다. 프라하는 역사의 상처를 감추지 않았고, 그 상처 때문에 고통스러워하지도 않았다. 지난날의 상흔은 지난 일로 정리하고 오늘은 오늘의 즐거움을 추구한다. 그렇게 하려고 성과 속의 공존을 허락한다. 프라하의 공기는 자유와 관용의 정신을 품고 있는 듯했다. '심하게 지나치지만 않다면 뭘 해도 괜찮아.' 사람들이 프라하를 좋아하는 것은 이렇게 말하는 도시여서가 아닌가 싶었다.

보를 설치해 여울을 없앤 블타바의 도심 구간 풍경.

빈,   내겐 너무 완벽한

부다페스트,   슬픈데도 명랑한

프라하,   뭘 해도 괜찮을 듯한

드레스텐,   **부활의 기적을 이룬**

킬

로스토크

하노버

베를린

독일

라이프찌히

쾰른

드레스덴

프랑크프루트

닉른베르크

슈투트가르트

뮌헨

나의 드레스덴 여행지

● 알베르트 광장

동방박사교회
● 소시에태츠테아터

● 황금기사 동상

● 광대의 집 기념 동상

● 아우구스투스 다리   ● 엘베강

● 젬퍼 오페라하우스
● 요한왕 기마상
프리드리히 아우구스트 동상
그뤼네스 게뵐베   ● 브륄 테라스
츠빙어 ●   ● 귀족들의 행진
드레스덴 왕궁   ● 성모교회

● 문화궁전

● 알트마르크트 광장

● 크리스털 궁전 영화관

● 프라하 거리

● 드레스덴역

드레스덴,
부활의 기적을 이룬

가해자의 상처

드레스덴은 한국에 널리 알려진 도시가 아니었다. 2014년 3월 박근혜 대통령이 드레스덴 공대에서 〈한반도 평화통일을 위한 구상〉이라는 강연을 했을 때 이름을 처음 들은 이가 많을 것이다. 그 선언의 내용에 대한 평가는 사람마다 달리 할 수 있겠으나 장소 선정만큼은 이견의 여지가 없을 정도로 좋았다고 생각한다. 전쟁을 종식하고 평화를 이루자는 호소를 하기에 드레스덴만큼 적절한 도시를 찾기는 어렵기 때문이다.

드레스덴에 가고 싶다는 생각을 처음으로 했던 날을 기억한다. 1995년 2월 13일이었다. 독일 유학 중이던 나는 그날 아침 신문에서 '드레스덴 폭격' 관련 보도를 처음 보았다. 눈에 잘 띄지 않는 면에 실린 그리 크지도 않은 기사였다. 그 폭격의 표적이 독일군과 군사시설이 아니라 드레스덴이라는 도시 자체였다는 사실에 나는 크게 놀랐다. 연합국 공군은 전쟁 막바지에 인구 10만이 넘는 독일 도시의 군사시설과 철도역, 군수공장 등을 폭격했는데 조준이 빗나가 주택이나 교회 건물에 폭탄이 떨어진 일은 많았다. 그러나 드레스덴처럼 도시 전체를 잿더미로 만든 경우는 없었다.

영국과 미국 공군은 1945년 2월 13일 밤부터 사흘 동안 네 차례 번갈아 드레스덴을 '융단폭격'했다. 그때마다 고열의 화염폭풍이 도심을 집어삼켰다. 군수품 공장과 기차역뿐 아니라 주택·상점·호텔·술집·교회·성당·병원·오페라하우스·영화관·동물원·학교·엘베강의 선박까지 도심 반경 3킬로미터 안에 있던 모든 것이 터지고 녹고 부서지고 불탔다. 사망자만 20만 명이라며 연합국을 비난한 나치 정부가 터무니없는 거짓말을 한 건 아니었다. 그 폭격의 사망자와 부상자가 몇인지는 정확하게 말할 수 없다. 전쟁이 끝나고 여러 해가 지난 뒤에도 무너진 건물에서 시신이 나왔고 지하 방공호 한 군데서 1천여 명의 시신을 찾은 일도 있었다. 체코 접경지 수데텐란트(Sudetenland, 보헤미아의 독일 국경 인접 지역)에서 쫓겨나 드레스덴에 임시 거처를 마련했던 피난민들은 거주자 통계에 잡히지도 않았다. 당시 시신을 수습한 사망자만 3만5천 명이 넘었다. 독일이 '엘베의 피렌체'라고 자랑했던 드레스덴에는 공장 몇 개 말고는 전쟁과 관계있는 시설이 없었는데도 연합국 공군은 엄청난 양의 폭탄을 투하했다.

드레스덴 폭격 50주년인데도 독일 정부는 희생자 추모 행사를 하지 않았고 텔레비전 방송은 짤막한 뉴스만 내보냈다. 기사를 보여주며 물어보았더니 독일 친구가 나지막이 말했다. "누구나 알지만 아무도 내놓고 말하지 않는 사건이야. 우린 그보다 더 못된 짓을 훨씬 많이 했거든. 홀로코스트만 있었던 게 아니야. 코번트리(Coventry) 같은 곳도 한두 군데가 아니었어. 혹시라도 그 사건 가지고 막 떠드는 사람 만나면 조심해야 해. 올드나치거나 네오나치일지 모르니까." 코번트리는 잉글랜드 내륙의 작은 도시다. 재규어를 비롯한 고급 승용차 공장이 있어서 전쟁 때 군수물자를 생산했다. 1940년 11월 14일 밤 독일 공군이 코번트리를 폭격해 수천 명의 민간인을 살상했다. 코번트리 시민들은 그때 완전히 무너진 중세 성당을 그 상태로 보존하고 바로 옆에 새 성당을 지었다. 드레스덴은 '가해자의 몸에 남은 상흔'이었다. 독일 사람들은 그 상흔을 남몰래 만질 뿐 드러내 보이지 않으려 했다.

폭격 이야기를 알고 25년 넘는 세월이 흐른 후에야 드레스덴을 구석구석 돌아보았다. 중앙역에서 성모교회가 있는 '역사적 구시가'까지 걸으면서 특이한 공간 구조와 건축양식을 만났다. 그런 것을 보리라고는 예상하지 못했다. 성모교회만이 아니라 드레스덴 전체가 하나의 흉터였다. 독일연방공화국은 열여섯 개의 주가 있고, 작센주 수도 드레스덴은 독일에서 열두 번째로 인구가 많은 도시다. 주정부와 의회 청사가 있고 공과대학·미술대학·음악대학 등 여러 개의 고등교육기관이 있으며 정보통신·나노·제약·광학·자동차 부품 등의 제조업이 탄탄하다. 성모교회와 왕궁을 비롯한 중세 건축물은 시내를 동에서 서로 관통하는 엘베강 좌안의 '역사적 구시가'에 있고 우안의 '성안 신시가'는 바로크 스타일의 주택이 많으며 그 바깥쪽 '성밖 신시가'에는 서민들이 산다. 집중 폭격을 당했던 강 좌안에는 중세, 근대, 사회주의 시대, 통일 이후 지은 건물이 뒤섞여 있었다.

1945년 2월의 참극을 모르면 오늘의 드레스덴이 왜 지금 같은 모습을 가지고 있는지 이해할 수 없다. 성모교회를 포함해 구시가의 건축물과 광장과 공간은 모두 복원하거나 신축한 것이다. 복원과 신

드레스덴의 역사적 구시가.

축의 주체와 시기는 건물마다 다르지만 부서지고 불타 무너진 시점
은 모두 같다. '바로크 도시' 드레스덴은 그때 영원히 사라졌다. 수많
은 건축물을 복원했지만 예전의 도시로는 돌아가지 못한다. 그러나
오늘의 드레스덴이 예전만 못하다고 할 수는 없다. 드레스덴은 과거
와는 다른 면에서 세상에 하나뿐인 도시가 되었다. 추하면서 아름답
고 슬프지만 평화로운, 어딘가 크게 어긋나 있는데도 편안하고 정감
있는 도시. 나는 그렇게 느꼈다.

엘베계곡의 길

이른 아침 프라하 중앙역에서 드레스덴행 기차를 탔다. 시간으로
보면 서울에서 KTX를 타고 부산 가는 것과 비슷해서 프라하에서 며
칠 머무는 여행자라면 당일에 다녀올 수도 있을 거리였다. 창밖을 보
며 어디에서 읽었는지 기억하지 못하는 문장을 떠올렸다. '속도는 공
간을 말살한다.' 인천공항에서 빈까지 시속 800킬로미터로 날아가는
비행기에서는 공간을 이동한다는 느낌이 없었다. 지구 표면의 한 점
에서 다른 점으로 건너뛰었을 뿐이다. 달리는 말보다 빠른 교통 수단
을 경험한 적이 없었던 19세기의 유럽 사람들은 증기기관차가 공간
을 말살한다고 생각했다. 인간의 감각은 상대적이다. 시속 300킬로미
터로 질주하는 고속열차를 자주 타는 나는 유럽의 '인터시티 익스프
레스'에서 창밖 풍경을 즐기는 데 어려움이 없다. 멀리 와서 기차를
타니 여행하는 맛이 났다.

향 좋은 커피가 있었으면, 입맛을 다시는데 승무원이 커피포트 손수레를 끌고 나타났다. '별다방' 종이컵에 넉넉히 담아준 커피는 가격이 착했다. 웬 떡이냐 싶어 한 모금 마셨는데, 맛이 신통치 않았다. 인스턴트 가루를 풀어 만든 '물커피' 같았다. 종이컵도 비슷하게 만든 짝퉁이었다. 이럴 때 쓰는 '불패의 정신승리법'을 꺼내 들었다. '그래도 이게 어디야. 없는 것보단 훨씬 낫잖아!' 수첩에 적었다. "프라하에서 기차를 탈 때는 역에서 미리 커피를 사야 함."

엘베를 따라 북진하는 기차에서 본 보헤미아의 지형은 우리나라 충청북도와 비슷했다. 산이 더러 있었지만 높지도 험하지도 않았고 완만한 구릉을 따라 해바라기·옥수수·호밀밭이 번갈아 나타나고 사라졌다. 그런데 국경 가까이에서 풍광이 확 바뀌었다. 철길 양편에 기운찬 산악이 솟아올랐다. 독일과 체코 사람들이 모두 '스위스'라고 하는 지역이었다. 산악의 꼭대기 능선을 따라 그어진 국경의 남쪽은 '체코 스위스 국립공원', 북쪽은 '작센 스위스 국립공원'이다. 이름에 홀려 그곳에 다녀온 친구의 말에 따르면 한국 사람이 좋아할 만한 공원은 아니다. 알프스처럼 웅장하지도 설악산만큼 화려하지도 않다고 한다. 그래도 엘베의 물과 바위 절벽, 연봉(連峯)과 우거진 숲이 있으니 수백 킬로미터 떨어진 스위스에 갈 형편이 되지 않았던 그곳 사람들한테는 귀한 '알프스 대용품'이었으리라.

기차는 스위스 국립공원 한가운데를 가르는 '엘베계곡'을 통과해 드레스덴으로 향했다. 엘베의 수면에는 유람선과 화물선이, 나란히 놓인 철로와 도로에는 기차와 자동차가 화물과 사람을 실어 나르고 있었다. 독일과 체코를 오가며 일하는 사람들, 세계 곳곳에서 온 여행자들로 가득한 객차의 분위기는 밝고 흥겨웠다. 길은 사람과 상품과 정보와 문화를 옮기고 뒤섞는다. 길이 있어서 우리는 풍요로운 삶을 살고 낯선 사람을 만나며 다른 문화에 대한 이해와 공감의 폭과 깊이를 더할 수 있다. 그렇지만 오로지 좋은 것만 오간 길은 없었다. 길 위에는 삶만 있는 게 아니었다. 죽음도 함께 있었다. 인간은 길을 따라 무기와 세균을 옮겼고 약탈과 살상을 저질렀다.

엘베계곡의 길도 다르지 않았다. 절망과 희망, 야만과 환희가 교차했다. 수많은 독일 유대인들이 이 길을 따라 프라하로 피신했다. 나치 군대도 그 길을 따라 보헤미아에 들어가 그들을 학살했다. 전쟁 막바지 수세에 빠진 독일군이 본토로 퇴각하자 체코 사람들은 3백만 명의 수데텐란트 독일인들을 강제 추방했다. 그들도 모든 것을 빼앗기고 화물열차에 실려 엘베계곡을 지났다. 1989년에는 특별열차가 동베를린 체코대사관에 들어간 동독 시민들을 싣고 그 길을 달렸다. 길에게 무슨 잘못이 있겠는가. 길은 그저 거기 있었을 뿐, 모든 악은 사람이 저질렀다.

사랑의 성모교회

호텔에 짐을 내려놓은 다음 곧바로 드레스덴의 랜드마크 1번인 성모교회(Frauenkirche)로 갔다. 프라하에서 넷이었던 우리 일행은 여기서 일곱으로 불어났다. 독일 유학 시절 가깝게 지냈던 유학생 부부가 프랑크푸르트에 터를 잡고 사는데, 마침 그곳 대학에서 공부하고 있

던 우리 딸을 데리고 합류했다. 드레스덴에 이틀 머무르는 동안 우리
는 줄곧 걸어서만 다녔다. 그래도 될 만큼 작은 도시였다.

　나는 '종교적 심성'이 없는 사람이다. 내 생각엔 그렇다. 어떤 종
교 행사에서도 감동을 받은 적이 없다. 신의 존재를 믿지 않는다. 종
교 건축물에도 관심이 없다. 그런데 성모교회는 특별했다. 굳이 드레
스덴에 간 것은 무엇보다도 이 교회를 보고 싶어서였다. 실제로 보니
기대했던 대로 특별했다.

　독일은 가톨릭과 개신교가 팽팽한 세력 균형을 이루고 있다. 이
주노동자로 독일에 왔다가 눌러앉은 터키계 시민들을 제외하면 대략
국민 셋 중 하나는 가톨릭을, 또 하나는 개신교를 믿는다. 나머지 하
나는 무신론자다. 드레스덴이 주도인 작센(Sachsen)주는 루터파 개신
교가 우세하며 루터파의 공식 최고 교회는 구시가 한가운데 있는 '십
자가교회(Kreuzkirche)'다. 하지만 드레스덴 시민들은 성모교회를 더 사
랑한다. '드레스덴 성모교회'를 검색하면 이런 정보가 뜬다. '바로크
스타일의 루터파 교회, 첨탑이 하나인 세계 최대의 사암 건축물.' 정
확하고 중요한 정보다. 하지만 이런 것 때문에 성모교회에 간 건 아
니었다. 바로크 스타일 건축물은 빈에서 싫어지도록 보았고, 사암 건
축물도 그리 희귀하지 않다. 나를 그곳으로 이끈 것은 성모교회가 품
고 있는 '부활의 서사'였다.

　마르틴 루터(Martin Luther, 1483-1546) 동상이 있는 '노이마르크트
(Neumarkt, 신시장)' 광장과 성모교회 주변은 교회의 외관을 구경하며
사진을 찍는 사람으로 북적였다. 하지만 우리는 교회 안으로 직진했
다. 교회 내부를 눈으로 훑으면서 예배용 나무 의자에 앉아 심호흡

마르틴 루터 동상, 성모교회 앞에서 광장 쪽을 보고 있다.

을 했다. 특별한 건 없었다. 반구 형태의 천장, 천장의 성화, 중앙설교
대, 오르겔, 성가대석, 촛불이 켜진 기도대, 길다란 예배 의자, 여느 교
회와 다르지 않았다. 그런데 누군가의 품에 든 것처럼 안온했다. 어느
절·성당·교회·시너고그·모스크에서도 그런 감정을 느낀 적은 없
었다. 내가 크리스천이라면 주님의 팔에 안겼다고 생각했을 것이다.
내게도 종교적 심성이 있나, 잠깐 의심했다.

　찬찬히 살펴보니 이유를 알 것도 같았다. 성모교회는 내부에 날
카로운 직선이나 뾰족한 모서리가 없었다. 중앙 설교대, 그리스 스타
일의 돌기둥, 오르겔, 합창단석 등 모든 것이 벽의 일부인 양 자연스
러웠다. 금박을 입힌 장식이 있었지만 사치스럽지 않았고, 그림과 장
식의 색감이 다 은은했다. 보는 이를 떨게 만드는 지옥 그림 같은 게
전혀 없었다. 이런 집에 기거하는 신이라면 다른 신을 믿는다는 이유
로 사람을 해칠 것 같지 않았다. 잘못을 저지른 사람까지도 안아줄
것 같았다. 나만 그런 게 아니었다. 우리 일행은 무신론자, 냉담 모드
가톨릭 신자, 신실한 개신교 신자가 뒤섞여 있었는데 저마다 기도대
앞에서 1유로짜리 양초에 불을 붙이고 말없이 시간을 보냈다. 나중에
물어보니 소감이 다 비슷했다. "이런 교회는 처음이야." 건축가 게오
르게 베어(George Bähr)에게 말하고 싶었다. '이런 것을 기대하면서 성
모교회를 지었나요? 그렇다면 당신은 크게 성공했습니다.'

　부패한 가톨릭교회에 대한 루터의 공개 비판은 종교개혁 운동과
농민전쟁을 역사의 무대에 불러올렸고 기독교와 유럽 사회를 크게
바꾸었다. 당시 로마 교황청과 루터의 견해가 신학적으로 어떻게 달
랐는지 나는 잘 모른다. 유럽 교회 건축양식의 변화 과정도 마찬가지

다. 그렇지만 다른 유명한 교회들을 떠올려 보니 성모교회가 왜 특별한지 알 것 같았다. 지금까지 내가 본 가장 '무서운 교회'는 독일의 쾰른 대성당이다. 그 성당의 두 첨탑을 광장에서 올려다보니 금방이라도 쏟아져 내릴 것만 같았다. 건물 안팎 모두에 극도로 정교하게 제작한 첨탑 형태의 돌조각이 빼곡했고, 내부 벽에는 불신자와 계율을 어긴 사람이 온갖 종류의 고문을 당하는 지옥 그림들이 걸려 있었다. 정말 무서웠다.

집은 건축주의 생각과 감정을 표현한다. 종교 건축물도 마찬가지다. 건축양식은 건축기술의 발전, 활용할 수 있는 건축자재의 변화, 건축주가 동원할 수 있는 재정의 규모 등 여러 요소의 영향을 받는다. 건축주의 철학과 욕망도 무시할 수 없는 요인이다. 로마제국 시대에 지은 교회는 무섭지 않다. 아테네 도심 골목의 오래된 정교회들은 아담하고 소박하고 정겹다. 원래 성당이었던 이스탄불의 아야소피아 박물관은 웅장하고 아름답다. 그러나 중세 유럽의 대세였던 고딕 양식 성당들은 그렇지 않다. 높고 날카로운 첨탑과 장중한 스테인드글라스로 '경외심' 또는 '공포감'을 강요한다. 고딕 양식은 가톨릭교회가 세속권력과 결탁하거나 스스로 세속권력을 능가하는 권력이었던 시대의 지배적 건축양식이다. 그들이 그런 집을 지은 것은 민중이 그곳에서 두려움을 느끼며 복종하기를 원해서였을 것이다.

치열한 종교개혁 운동을 벌인 끝에 루터파가 드레스덴을 차지했을 때 성모교회 자리에는 로마네스크 양식 교회를 개조한 고딕 성당이 있었다. 손을 볼 수 없을 정도로 낡은 집이었다. 십자가교회만으로는 가톨릭의 탄압을 피해 사방에서 밀려드는 신도를 감당할 수 없었

성모교회 내부, 날카로운 모서리나 직선이 보이지 않는다.

다. 그래서 18세기 중반 교회를 신축하기로 결정하고 기부를 받았다. 오스트리아의 잘츠부르크에서 온 부자들이 큰돈을 냈다. 그들은 종교개혁 운동의 정신을 구현하는 교회를 지었다. 계율을 어기면 벌을 주는 무서운 신, 그런 신의 뜻을 빙자해 권력을 휘두르는 교회가 아니라 사랑하고 용서하는 신, 그런 신을 믿는 이들에게 안식과 평화를 주는 교회를 지은 것이다. 나는 성모교회를 지은 사람들의 마음을 그렇게 헤아렸다.

부활의 서사

지금의 드레스덴 성모교회는 1743년 완공한 옛날 건축물이 아니다. 여러 산업 분야에서 세계 최고의 기술 수준을 자랑하는 독일의 건축가와 예술품 복원 전문가들이 십 년 넘는 시간을 들여 완성한 최첨단 건축물이다. 겉은 옛날과 거의 같지만 속은 완전히 달라졌다. 티타늄 뼈를 이식하고 되살아난 슈퍼 히어로 영화의 주인공과 비슷하다.

게오르게 베어는 작센의 '토종 건축가'였다. 원형 돔을 씌운 대형 건축물이 있는 로마나 피렌체에는 가본 적이 없었다. 그가 죽은 후 업무를 넘겨받은 건축가도 크게 다르지 않았다. 그래도 성모교회는 누구나 감탄할 만큼 크고 멋졌다. 너비 42미터 길이 50미터인 건물 위에 종 모양의 지붕을 얹고 첨탑까지 올렸으니 왜 그렇지 않았겠는가. 지붕의 아래쪽은 지름 26미터에 두께 2.3미터, 위쪽은 지름 10미

성모교회, 벽면의 검은 점은 폭격을 맞은 돌이다.

터 두께 1.3미터였다. 첨탑 꼭대기까지 91미터가 넘었고, 62미터 높
이에 시내를 내려다보는 광실(光室, Laterne)을 넣었다. 드레스덴의 자
랑이 되기에 부족함이 없었다.

하지만 그 기쁨은 오래가지 않았다. 설계부터 시공까지 모든 것
이 어긋난 부실 건축물이었기 때문이다. 구조의 결함은 완공 직후 곧
바로 드러났다. 비극의 진앙은 지붕이었다. 원래 계획대로 나무로 만
들고 겉에 구리를 씌웠어도 문제는 있었을 터인데 사암으로 바꾼 탓
에 당시 기술로는 해결할 수 없는 결함이 생겼다. 집은 중력을 이겨
내야 무너지지 않는데, 1만 톤이 넘는 지붕의 무게를 버티는 게 쉬운
일이 아니었다. 건물 안쪽에 사암 기둥을 여덟 개나 쌓고, 접합부의
수를 줄이기 위해 최대한 큰 돌을 썼다. 성가대석과 오르겔의 위치도
바꾸었다. 그러나 지붕의 하중을 고루 분산하지 못했다. 기둥의 수평
을 맞추지 못했고 기둥 돌의 접합부를 완전 밀착하는 데도 실패했다.
얼마 지나지 않아 외벽 돌 틈에 풀이 자라기 시작했고 여기저기 균열
이 생겨 비가 많이 오면 물이 새어들었다. 지붕이 통째로 무너져 내
리지 않은 게 다행이었다.

근본적 해결책 없이 끝없이 보수공사를 했던 부실 건축물은 1945
년 2월 13일 누구도 상상하지 못했던 방식으로 최후를 맞았다. 폭탄
이 우박처럼 쏟아지자 나치를 추종한 개신교 단체가 본부로 쓰던 성
모교회의 외벽이 부서졌고 나무를 많이 쓴 내부에 불이 붙었다. 사암
은 무른 돌이어서 드레스덴 시내 전체를 휩쓴 섭씨 1천 도의 열 폭풍
을 견디지 못했다. 기둥과 지붕이 모두 무너져 시커멓게 불탄 돌무더
기만 남았다.

그런데 그 폐허조차 온전하게 남지 못했다. 종교를 좋아하지 않았던 동독 공산당 권력자들은 목록을 작성해 두었던 850개의 돌덩이 중 절반을 가져다 강변의 '브륄 테라스' 보수 작업에 썼다. 남은 돌무더기를 함석판으로 덮어놓았다가 그마저 다 밀어버리고 공원을 조성하려고 했다. 그렇게 하지 않은 것은 드레스덴 시민들의 반대 때문이 아니라 돈이 없어서였다. 성모교회의 재건을 바란 시민들은 폐허 주변에 장미를 심고 시신조차 남기지 못한 채 증발해버린 폭격의 희생자를 추모하는 집회를 열었다. 그러자 동독 정부는 성모교회의 폐허를 반전(反戰)의 상징으로 선포하고 냉전 종식과 세계평화를 요구한 드레스덴 시민들의 집회를 서방 진영을 비난하는 선전 도구로 이용했다.

하지만 드레스덴 시민들은 호락호락하지 않았다. 1980년대 중반부터 집회의 성격을 바꾸어 인권과 자유를 요구하기 시작했다. 오페라하우스를 복원하고 왕궁 복원사업을 막 시작했던 시정부는 다음 차례에 성모교회를 복원하겠다고 약속했다. 그런데 상황은 예측하지 못한 방향으로 흘렀다. 드레스덴 시민 수천 명이 중앙역 일대에서 연일 민주화 시위를 벌이던 1989년 가을 베를린의 브란덴부르크 국경 통제소 문이 열렸고 서베를린을 둘러싸고 있던 장벽이 무너졌다.

성모교회의 운명도 반전의 계기를 맞았다. 동서독 정부가 본격적으로 통일 방안을 논의하던 1990년 2월 12일 작센주의 교회 지도자들이 〈드레스덴의 호소(Ruf aus Dresden)〉라는 성명서를 발표했다. 여러 후원 단체가 기부금 모집을 시작했고 사업을 수행할 재단이 출범했다. 1994년 기초 작업을 시작해 1996년부터 2005년까지 집중적인 작

폭격에 불탄 사암, 성모교회의 죽음을 증언한다.

업을 한 끝에 완료한 성모교회 복원사업 비용은 무려 1억 8천만 유로
였다. 비용의 2/3는 기부금으로 충당했는데 영국과 미국의 기업과 개
인의 기부가 적지 않은 몫을 차지했다.

첨단 기술을 적용한 재건축을 비판한 이들이 있었다. 원래의 그
교회가 아니라는 주장이었다. 그러나 근본적 구조 결함을 처음부터
안고 있던 건물을 원래대로 복원할 수는 없었다. 기술적으로 불합리
한 데다 현행 건축법 위반이기도 해서 매사에 완벽함을 추구하는 독
일에서는 생각할 수 없는 일이었다. 독일의 전문가들은 독일인다운
방식으로 문제를 해결했다. 가장 먼저 지하 17미터까지 땅을 파면서
모든 잔해를 건져내고 지층을 새로 조사했다. 건물의 기초를 다시 놓
고 기둥과 지붕을 철골 콘크리트로 만들었으며 겉에 얇은 사암을 입
혀 겉보기에는 원래 교회와 똑같게 했다. 폭탄과 열 폭풍을 견디고
테라스 보수공사 차출을 모면한 8천여 개의 돌들이 원래 어디 있었는
지 컴퓨터 시뮬레이션으로 알아내어 비교적 온전한 3천 5백여 개를
하중을 덜 받는 곳에 넣었다. 사암은 철분을 품고 있어서 오래되면
검붉게 변한다. 시간이 더 흐르면 새 돌과 옛 돌을 구분할 수 없게 되
겠지만 지금은 바로 알아볼 수 있을 만큼 차이가 난다.

성모교회는 구조만 튼튼해진 게 아니라 기능도 좋아졌다. 원래
있던 광실보다 조금 높은 곳에 전망대를 설치하고 지붕부터 지하까
지 완벽하게 방수조처를 했으며 냉난방과 전기 조명 시설을 완비하
고 화장실과 외투 보관실 같은 부속 공간도 확충했다. 5천 개 가까운
파이프가 있는 오르겔을 들였고 성가대석도 안전한 금속 소재로 바
꾸었다. 이탈리아 화가 그로네(G. B. Grone)가 1734년 그렸던 천장의

그림은 고증에 필요한 자료가 다 타버려서 어려움을 겪었지만 거의
비슷하게 재현해냈고 종탑과 시계탑도 새로 제작했다. 첨탑의 십자
가는 온전한 형태로 남았지만 열 손상을 입었기 때문에 도금한 광륜
(光輪)으로 변경했다. 광륜을 제작한 공예가는 드레스덴 폭격에 참여
했던 영국 공군 조종사의 아들이었고 비용은 영국 은행이 지불했다.
그래서 그것을 '화해의 십자가'라고 한다.

  2005년 2월 13일 성모교회는 공식 부활했다. 안에서는 60년 전
그날의 폭격 희생자 추모 행사를 열었고 광장에는 6만여 명의 시민이
모였다. 전쟁의 참상을 증언하던 폐허가 시민의 자유와 독일의 통일
을 상징하는 교회로 다시 태어난 것이다. 그날 이후 성모교회는 공연
장이 되었다. 일요일 오전과 저녁 예배에는 합창단이 노래하고 평일
정오와 저녁 기도 시간에는 오르겔 연주를 한다. 일요일 낮에는 종교
음악 연주회나 오르겔 콘서트를 연다. 내가 크리스천이라면 합창단
이 노래하는 일요일 예배를 빠뜨리지 않을 것 같았다.

사회주의 건축양식

  기차에서 내린 여행자들이 대부분 중앙역 광장에서 '프라하 거리
(Prager-strasse)'로 나가기에 우리도 대세를 따랐다. 가장 빨리 구시가지
로 가는 길이고 주변에 볼거리도 많다는 것은 나중에 알았다. 그런데
처음에는 엉뚱한 곳에 온 것 같았다. 여기가 독일이 맞나 의심이 들
정도였다. 드레스덴 중앙역 근처는 높은 빌딩도 번잡한 상가도 없었

다. 사방이 탁 트여 있었고 구시가지 쪽으로 우리나라의 오래된 아파트와 비슷하게 각이 진 시멘트 콘크리트 빌딩들이 보였다. 10층 안팎의 기다란 공동주택은 실력 없는 건설회사가 날림으로 지은 것처럼 외벽의 마감선이 비뚤비뚤했다. 드레스덴에 그런 아파트가 있을 줄은 몰랐다.

그 집들은 사회주의체제의 문화 유전자를 지닌 '화석'이었다. 집은 지은 사람의 철학과 건축 시점의 사회경제적 상황에 관한 정보를 담고 있다. 동독의 사회주의자들은 '계급 착취의 철폐' '만인의 평등' '인민의 주거 안정'을 중요한 가치로 여겼고 '자유' '개성' '예술적 취향' 같은 것은 없애야 할 '부르주아 이데올로기'로 취급했다. 게다가 소련군의 보호를 받으며 들어선 동독 정부는 돈이 없었다. 이런 철학과 환경은 동독의 모든 도시에서 동일한 '건축학적 변화'를 강제했다. 최소 비용을 들여 인민에게 최대 주거 공간을 제공하는 데 적합한 고층 아파트를 지은 것이다.

공산주의자들이 동독에 전혀 민주적이지 않은 '독일민주공화국'을 수립했을 때 드레스덴은 '그라운드 제로'였다. 도심 전체가 9.11테러 직후 뉴욕 무역센터 일대와 비슷했다. 정부는 토지를 국유화하고 부서진 건물의 잔해를 밀어버린 다음 직육면체 아파트를 신축했다. 사유재산권을 존중하는 사회라면 생각할 수도 없는 일이었다. 통일 30년이 다가오는 시점에도 사회주의체제의 '건축학적 화석'이 온전한 형태로 남아 있다는 게 신기했다. 물론 옛날 모습 그대로는 아니었다. '자본주의적 개량'과 '건축학적 진화'를 이루었다. 깔끔하게 외벽을 도색하고 내부 설비를 개선해 살 만한 아파트가 되었다.

국제적 체인 호텔로 변신한 아파트도 있었다. 프라하 거리를 따라 구시가지 쪽으로 걸으면 왼편에 그 호텔이 보인다. 유명한 호텔이니 내부 설비와 서비스는 괜찮을 것이다. 거기 묵으면 색다른 경험이 될 것 같았다. 사회주의와 자본주의는 일점일획의 공통점도 없는 것 같지만 모든 면에서 그런 건 아니지 않나 싶었다. 우리가 산업화 시대에 경험했던 '자본주의적 발전국가' 또는 '개발독재'는 전체주의 문화와 결합했다. 그때 지은 아파트는 드레스덴의 사회주의자들이 지은 것과 크게 다르지 않다. 아파트만 그런 게 아니었다. 구시가지 초입에 있는 '인민문화궁전'도 그 시절 우리나라 중앙정부와 지방정부들이 지은 '문예회관'이나 '시민회관'과 비슷했다.

'사회주의 건축양식'이 압도하는 공간을 지나 강철과 통유리로 지은 현대적 '자본주의 양식' 건물이 줄지어 선 상업지구에 들어섰다. 초입에 있는 호텔에 체크인을 하고 짐을 내려놓은 다음 프라하 거리로 다시 나왔다. 넓은 보도블록을 깨끗하게 깔아둔 길 양편에 백화점·쇼핑몰·옷가게·패스트푸드점·은행·영화관·갤러리·비어홀·레스토랑·카페·주차빌딩이 성업 중이었고 뒤편 이면도로 쪽은 개량한 사회주의 양식 건물이 빼곡했다. 프라하 거리는 구시가 순환도로와 교차하면서 이름이 바뀌었지만 십자가교회와 시청사 등 몇몇 중세 건축물과 정부 청사들이 주변에 포진한 알트마르크트(Altmarkt, 구시장) 광장까지 그대로 이어졌다.

알트마르크트는 프라하의 틴과 비슷한 곳이다. 드레스덴이 여기서 태어났다. 유럽의 역사 도시들이 다 그런 것처럼 여기에도 큰 교회가 있다. 작센주 루터파 개신교의 본부, 3천 명이 동시에 예배를 볼

'자본주의 건축양식'을 자랑하는 상업지구.

수 있는 대형 교회, 합창단과 오르겔 연주단을 보유한 십자가교회다. 상인들이 모여 살았던 12세기 중반에 지은 이 교회는 전쟁과 화재로 다섯 번이나 완전히 무너졌는데, 복구할 때마다 건축 스타일과 내부 구조가 달라졌다. 지금의 십자가교회는 전쟁 직후 알트마르크트와 함께 복원했으며 통일 이후 다시 한번 크게 손을 보았다.

성모교회를 보았기에 십자가교회는 꼼꼼하게 들여다보지 않았다. 그러나 한 가지는 말해둘 필요가 있을 듯하다. 이 교회는 '코번트리 못 십자가(Coventry Cross of Nails) 공동체' 회원이다. 코번트리시는 독일 공군의 공습에 부서진 성 미카엘 성당의 잔해에서 건진 못으로 평화와 화해를 상징하는 십자가를 만들었는데 세계의 수많은 성당과 교회들이 그 정신을 받아들였다. 독일에서는 십자가교회를 포함해 50여 개의 성당과 교회들이 매주 금요일 정오에 성 미카엘 성당이 정한 절차에 따라 미사와 예배를 올린다.

잡석포장을 한 알트마르크트 광장은 짧은 쪽이 100미터 긴 쪽이 130미터 정도 된다. 노이마르크트를 만든 16세기 중반까지 도시의 중심이었다. 인근에 십자가교회와 공공건물, 수공업자들의 작업장, 창고·상점·주택이 들어섰고 서점·카페·레스토랑·호텔이 밀집했다. 12월에 여는 크리스마스 시장은 세계에서 가장 오래된 축에 든다. 프로이센 군대가 파리를 점령하고 빌헬름왕이 베르사유 궁전에서 독일제국 황제 대관식을 했던 1871년 광장에 기념 조형물을 세우고 군사 퍼레이드를 했다. 그러나 광장에 좋은 일만 있었던 것은 아니다. 1945년 2월에는 폭격 사망자 중에서 장례를 치러 줄 연고자가 아무도 없었던 7천여 명의 시신을 그곳에서 불태웠다.

동독 정부는 광장을 확장해 정치 집회장으로 활용하면서 바로 옆에 독일사회주의통일당(SED, 동독공산당)의 본부와 문화궁전(Kulturpalast)을 신축했다. 그들이 사회주의 건축양식의 최고봉이라고 자랑했던 문화궁전은 광장에서 '역사적 구시가'로 넘어가는 초입에 있는데 구시가의 바로크 스타일 집들과 확연히 달라서 단번에 찾을 수 있었다. 연주회와 무도회, 대규모 회의를 열었던 2,700석 규모의 다목적 홀 말고도 소극장과 회의실 등 다양한 부속 공간을 갖춘 이 공연장은 간단히 '궁전(Palast)'으로 통한다. 한국에서도 종종 공연을 하는 드레스덴 필하모닉이 현대적이고 화려한 콘서트홀로 탈바꿈한 궁전을 주 공연장으로 쓰고 있다.

문화궁전의 외벽에는 사회주의체제의 유산임을 바로 알아볼 수 있는 초대형 벽화가 있었다. 1969년 동독의 저명한 예술가들과 드레스덴 미술대학 학생들이 그린 벽화의 제목은 〈1849-1969: 드레스덴 혁명 세력의 진보와 사회주의를 향한 120년의 투쟁〉인데, "노동계급의 해방은 노동계급 스스로만 할 수 있다"든가 "우리가 역사의 승자"라는 등 마르크스주의자들이 암송하던 문장을 적어두었다. 사회주의 집단창작 작품이라 특별한 감흥은 느끼지 못했지만, 내부 공간을 멋진 현대적 공연장으로 개조하면서도 그 벽화를 '역사를 증언하는 문화재'로 지정 보호하는 드레스덴 시민들의 문화 역량에는 박수를 보내고 싶었다.

'문화궁전'의 집단창작 벽화

중세의 신도시

　문화궁전을 지나 중세 드레스덴의 권력을 상징하는 공간과 건축물이 모여 있는 '역사적 구시가(historische Altstadt)'에 들어섰다. 드레스덴은 구조가 특이하다. 엘베 좌안은 도시의 정치·행정·문화·상업 중심인 구시가지다. 성모교회와 노이 마르크트 광장을 제외한 구시가지의 역사적 건축물과 공간은 대부분 동독 정부가 복원했다. 강 건너 엘베 우안은 '성안 신시가(Innere Neustadt)'인데, 폭격 피해가 덜했던 덕에 바로크 스타일의 오래된 주택이 남아 있어서 '바로크 구역'이라고도 한다. 신시가지가 끝나는 알베르트 광장 바깥은 저층 서민 아파트가 밀집한 '성밖 신시가(Äußere Neustadt)'다. 여행자들은 보통 구시가에서 시간을 보내며 강을 건너는 경우에도 알베르트 광장 근처에서 발걸음을 멈춘다. 한 도시 안에서 구역이 이처럼 확실하게 나뉘고 건축양식이 완전히 다른 경우를 나는 아직 보지 못했다.

　'역사적 구시가'는 전형적인 관광지였다. 왕궁, 호프 성당, 츠빙어, 오페라하우스 같은 중세 건축물이 즐비했고 수학물리학 살롱, 도자기 전시관, 교통 박물관, 동전 박물관, 초콜릿 박물관 등 다양한 박물관이 있었다. 들어가 보고 싶은 부티크 호텔과 레스토랑도 곳곳에 보였다. 시간이 많으면 어디든 들어가 구경하고 그렇지 않으면 마차를 타거나 걷는 식으로 다니면 된다.

　취향에 따라서는 드레스덴이 볼품없는 도시라고 생각할 수도 있다. 대단한 역사 도시를 여행해 본 사람이라면 더 그럴 것이다. 아테네·로마·이스탄불·파리는 문명의 중심이었고 빈은 제국의 수도였

역사적 구시가의 밤 풍경

다. 부다페스트와 프라하도 한 민족 또는 국가의 역사와 문화를 대표
했다. 그러나 드레스덴은 예나 지금이나 독일의 변방 도시일 뿐이다.
왕궁도 오페라하우스도 옛 성당도 비교적 작고 소박하다. 하지만 드
레스덴은 단순한 변방이 아니다. 중세에서 현대에 이르기까지 유럽
사회의 역사를 품고 있는 이 도시는 제2차 세계대전의 참극을 이겨
내고 부활의 기적을 이루었다.

슬라브어에서 유래한 드레스덴은 13세기 들어 역사 기록에 처
음 등장했을 때 엘베 우안의 '성안 신시가' 일대를 가리키는 지명이었
다. 흔한 봉건 귀족의 영지였던 드레스덴은 15세기가 끝나갈 때 오늘
날의 작센주에 해당하는 지역 지배자의 거주지가 되면서 엘베 양안
을 아우르는 도시로 발전했다. 하지만 프라하 편에서 이야기했던 17
세기 전반의 30년전쟁 때 심각한 피해를 입은 데 이어 흑사병과 대
기근이 덮친 탓에 길고 깊은 침체기를 맞았고 1685년에는 엘베 우안
의 가장 오래된 주거 지역 전체가 대화재로 잿더미가 되는 참사까지
일어났다. 1732년까지 거의 반세기가 걸려 재건한 이 지역을 '신시가
(Neustadt)'라고 했는데, 나중 북쪽 외곽 방면으로 도시가 뻗어나가자
알베르트 광장을 지나는 순환도로를 경계 삼아 안쪽과 바깥쪽을 각
각 '성안 신시가'와 '성밖 신시가'로 구분했다. 프라하에서 그런 것처
럼 드레스덴의 신시가도 한국인이 흔히 생각하는 '신도시'가 아니다.
성안 신시가는 무려 3백 년이나 되었다.

드레스덴은 20세기 전반 몇십 년 동안 짧은 전성기를 누렸다. 제
1차 세계대전을 큰 피해 없이 넘겼고 1918년 11월 탄생한 독일 최초
의 민주공화국에서 작센주 수도가 되었다. 표현주의 예술가들은 빈

의 예술가들을 따라 '분리파'를 결성해 드레스덴의 문예 부흥을 주도
했고 오페라하우스와 공립극장을 터전 삼아 독일 최고 수준의 공연
예술을 꽃피웠다. 경제적 번영도 같은 시기에 찾아왔다. 드레스드너
뱅크(Dresdner Bank)를 비롯한 금융회사들이 우후죽순 출현했고 거리에
노면전차가 놓였으며 전기 · 기계 · 제약 · 화장품 · 담배제조 · 식품업
이 번창했다.

그러나 드레스덴의 영광은 히틀러의 집권과 더불어 갑작스런 종
말을 맞았다. 나치가 사상과 예술의 자유를 말살하자 드레스덴의 문
화 예술은 설 곳을 잃었다. 책을 불사르고 그림을 압수하며 공연을
금지하는 나라에 '문화도시'가 존재할 수는 없는 일이었다. 독일 전역
에서 나치 추종자들은 유대인을 폭행하고 시너고그를 불태웠으며 상
점과 집을 약탈했다. 5천 명이 넘었던 드레스덴 유대인들은 거의 다
탈출하거나 추방되거나 살해당했다. 드레스덴 시내에 숨어서 생존한
사람은 마흔한 명뿐이었다. 연합군의 폭격은 그 비운의 절정이었다.

역사적 구시가

역사적 구시가의 중심은 작센을 지배한 귀족과 왕들의 주거지였
던 왕궁(Residenzschloss)이다. 다섯 개의 공공 박물관이 들어와 있는 왕
궁은 도시의 역사와 문화의 변화를 보여준다. 15세기 후반 귀족의 저
택이 불타 없어진 자리에 신축했을 때는 침실 · 응접실 · 연회장 · 예
배당을 갖춘 2층짜리 복합건물이었는데 긴 세월에 걸쳐 내각 집무

실과 마구간을 신축하고 안뜰을 확장했으며 바로크 스타일의 첨탑을 올리고 여러 전시실을 설치했다. 20세기 초에는 마구간 외벽에 마이센의 도자기로 작센의 지배자들을 그려낸 부조 〈귀족들의 행진 (Fürstenzug)〉을 설치했다. 바이마르공화국 시대에 박물관으로 바뀌었던 왕궁은 폭격을 맞아 완전히 부서졌다. 1980년대 후반 동독 정부가 복원사업을 했지만 재정과 기술의 부족으로 진도를 크게 나가지는 못했으며 복원 공사는 아직도 완료되지 않았다.

시간이 넉넉한 '박물관 덕후'가 아니라면 왕궁의 박물관들을 굳이 관람할 필요는 없을 것이다. 드레스덴의 지배자는 프랑스의 왕이나 로마 교황 같은 권력자가 아니었다. 독일에는 중세 내내 수백 개의 왕국과 귀족령과 자유시가 공존했고 나폴레옹 군대의 점령 이후에도 프로이센과 바이에른을 비롯해 서른 개 넘는 사실상의 국가들이 있었다. 독일 민담과 동화에 왕자와 공주가 흔하게 나오는 데는 그럴만한 이유가 있다. 프로이센의 빌헬름왕이 세운 첫 통일국가를 '제2제국'이라고 하는 것은 독일계 귀족과 왕들이 신성로마제국 황제 자리를 대물림했기 때문일 뿐, 독일에 실제로 '제1제국'이 있었던 것은 아니다. 그리고 작센의 지배자는 귀족이든 왕이든, 대단한 박물관을 만들 만큼 힘센 권력자가 아니었다.

'녹색 반원형 천장이 있는 공간'쯤으로 번역할 수 있는 '그뤼네스 게뷜베(Grüne Gewölbe)'는 작센의 지배자들이 수집한 예술품과 보석 세공품을 전시하는 두 개의 전시장으로 이루어져 있다. 원래의 전시 공간인 1층 '역사적 전시실'은 화려한 실내장식으로 유명한데 보려면 미리 예약을 해야 한다. 나머지 네 박물관은 그림, 인쇄 작품, 사진을

왕궁 마구간 담벼락에 마이센 도자기로 제작한 '귀족들의 행진'.

모은 동판화 전시실(Kupferstich-Kabinett), 고대부터 현대까지 화폐, 메달, 문장, 조폐기계 등을 보유한 화폐 전시실(Münzkabinett), 중세와 근대의 무기, 갑옷, 군사용 장비 등을 진열한 무기 박물관(Rüstkammer), 터키를 제외한 오스만제국 영토 지역의 예술품을 전시한 터키 전시실(Türckische Cammer) 등이다.

구시가에서 성모교회 다음으로 사람이 많은 곳은 '츠빙어(Zwinger)'였다. 따가운 햇볕이 쏟아지는데도 관광객이 넘쳐났다. 이것을 어떤 집이라고 해야 좋을지 모르겠다. 궁전이라고는 하지만 보통 궁전과는 달랐다. 공식적으로는 '베르사유 궁전을 본떠서 1728년 완공한 바로크/로코코 양식 복합건물'이지만 이름도 구조도 기능도 베르사유와는 거리가 멀어 보였다. '츠빙어'는 외성벽과 내성벽 사이 공간을 가리키는 말이다. 아마도 구시가의 강변에 겹성벽이 있었던 모양이다. 오랑제리와 정원을 조성하고 화려한 정자와 갤러리 등 여러 분관(pavillon)을 연결해 담장을 세우고 사방에 출입문을 만든 개방형 구조도 베르사유와는 공통점이 없었다. 권력자가 살지도 않았다.

츠빙어는 여러 차례 재건했다. 지은 지 몇십 년 지나지 않아 불이 나서 타버렸고, 그다음에는 프로이센 군대의 대포에 부서졌으며, 1849년 5월에는 혁명군이 불을 놓았다. 왕의 수집품을 전시할 목적으로 재건했지만 그것도 폭격으로 잿더미가 되었다. 드레스덴을 점령한 소련 군정 책임자들과 동독 정부가 츠빙어부터 손을 대 1963년 복원을 완료했다. 하지만 2002년 8월 엘베가 범람해 구시가지 전체가 물에 잠겼을 때 츠빙어는 특히 심각한 타격을 입었고, 그 피해를 복구하는 작업이 여전히 진행 중이었다.

한낮의 태양이 작열하는 츠빙어.

나는 츠빙어가 마음에 들지 않았다. 겨울이 습하고 긴 드레스덴의 기후와는 어울리지 않는 오렌지 정원도 그랬고 중앙 출입구 위의 거대한 왕관 장식도 그랬다. 츠빙어는 변방의 권력자가 지닌 열등감을 보여주는 것 같았다. 하지만 '수학 물리학 살롱'(Mathematisch-Physikalische Salon)만큼은 부러웠다. 1871년 통일할 무렵부터 나치가 집권한 시기까지 독일은 과학 분야의 세계 최강국이었다. 나치가 사상과 학문 연구의 자유를 극단적으로 억압하고 유대인을 학살함으로써 걸출한 과학자들을 미국으로 망명하게 하지 않았다면 지금도 그럴지 모른다. 근대 수학과 과학의 발전 과정을 보여주는 장비와 수집품을 츠빙어에 전시한 것은 변방인 작센의 지배자도 과학의 중요성을 이해하고 있었음을 증언하고 있었다.

츠빙어 안마당에서 젬퍼 갤러리 옆 통로를 지나 강변으로 나가자 '테아터플라츠(Theaterplatz, 극장 광장)' 한가운데 요한왕의 커다란 기마상과 오페라하우스가 보였다. 기마상의 주인공은 독일 통일 당시 작센의 왕인데, 고트프리트 젬퍼(Gottfried Semper, 1803-1879)를 시켜 오페라하우스를 재건하게 한 공으로 거기에 서 있었다. 오페라하우스를 독일어로 '오퍼(Oper)'라고 한다. 드레스덴의 오페라하우스는 젬퍼가 설계하고 재건했기 때문에 '젬퍼오퍼(Semperoper)'가 되었다. 성모교회와 젬퍼오퍼는 드레스덴 시민들이 가장 사랑하는 '성(聖)'과 '속(俗)'의 공간이다. 주립 관현악단, 발레단, 합창단의 활동 무대인 오페라하우스와 부속 시설에서는 한 해 3백 회 정도 공연을 하는데, 평균 좌석 점유율이 90% 넘는다고 하니 그 인기를 알만하다.

지금의 오페라하우스는 세 번째 지은 집이다. 젬퍼가 설계한 첫 번째 집은 1841년 완공해 바그너(R. Wagner)와 슈트라우스의 작품을 초연할 정도로 명성이 높았고 유럽에서 가장 아름다운 오페라하우스라는 말을 들었지만 1869년 불이 나서 타버렸다. 곧바로 재건을 추진했는데 젬퍼는 반역죄로 수배된 처지라 올 수가 없었다. 건축가와 반역자는 잘 어울리지 않는 조합이지만 젬퍼는 둘 모두였다. 그는 독일 함부르크에서 부유한 제조업자의 아들로 태어나 괴팅엔대학교에서 수학과 역사학을 공부했고 뮌헨 예술대학에서 건축학을 배웠다. 그런데 이 부잣집 도련님은 진지하게 건축학을 연구하지는 않고 여러 도시를 옮겨 다니면서 자유분방하게 살다가 혁명가를 자처한 남자와 결투를 벌인 사건 때문에 파리로 도망쳤다. 거기서 유명한 독일계 건축가들을 만나 항만 설계를 비롯한 건축 일을 본격적으로 배웠는데, 하필 그때 1830년 7월혁명이 터져 프랑스대혁명 이후 두 번째 공화정이 들어섰고 젬퍼는 그 혁명에 마음을 빼앗겼다.

젬퍼는 로마와 아테네를 비롯한 여러 도시의 건축 프로젝트에 참여하면서 이름을 알렸고 1834년 작센 왕립 미술아카데미 교수가 되어 드레스덴에 정착했다. 학장의 딸과 결혼한 '셀럽'이었던 그는 츠빙어 확장과 왕립극장 복원사업에 참여하고 테아터 광장과 오페라하우스를 설계함으로써 드레스덴 문화계의 중심인물이 되었다. 그런데 1849년 5월 드레스덴에서 왕정을 폐지하고 공화정을 세우려 한 자유주의혁명이 일어났고 젬퍼는 열렬히 지지했다. 실제로 그가 무장봉기를 주도했는지 여부는 확실치 않지만 음악가 바그너와 함께 '반란 수괴'로 지목된 이상 붙잡히면 목숨을 부지하기 어려웠다. 그때 이후 젬퍼는 드레스덴 땅을 밟지 못했다.

지명수배 중인 반역자가 오페라하우스의 재건축을 설계하고 지
휘했다니, 뭔가 이상하지 않은가. 젬퍼는 망명 중 유럽 여러 도시의
여러 건물을 설계했다. 드레스덴 시민들은 그가 돌아와 오페라하우
스를 재건해 주기를 원했지만 요한왕은 반역자에게 그 일을 맡길 수
없었다. 그래서 젬퍼의 장남 만프레드에게 임무를 주었고 만프레드는
7년 동안 아버지가 머무는 곳을 오가며 원격 지휘를 실행했다. 그렇
게 해서 실내장식이 더 화려해진 두 번째 오페라하우스가 1878년 문
을 열었다. 젬퍼는 스위스연방 천문대를 비롯해 수많은 공공건물과
극장, 전시장을 설계했고 응용예술 박물관 등 빈의 건축에도 넓은 영
향을 주었는데 이탈리아 여행을 하다가 사망해 로마에 묻혔다.

젬퍼가 재건한 오페라하우스는 폭격에 치명상을 입었다. 원래 모
습과 비슷하게 복원하고 여러 차례 내부 구조를 바꾼 끝에 1985년 2
월 13일 다시 문을 열어 폭격 전 마지막으로 공연했던 베버의 작품
⟨마탄의 사수(Der Freischütz)⟩를 무대에 올렸다. 2015년 재개장 30주년
기념 행사에서도 같은 작품을 공연했다. 젬퍼오퍼는 '고전주의 요소
를 내포한 역사주의 건축물'이라고 하는데, 내가 보기엔 그냥 예뻤다.
낮에 보아도 예뻤지만 어둠이 내리고 건물 안팎에 은은한 조명이 들
어오면 더 예뻐졌다.

구시가에는 몇 가지 볼거리가 더 있었다. 18세기 중반에 신축한
호프 성당(Katholische Hofkirche)과 숙박시설이 들어선 탓에 일부 잔해를
기념 조형물처럼 세워둔 소피아교회(Sophienkirche) 같은 것이다. 하지
만 그런 집들을 찾아다니는 것보다는 '브륄 테라스(Brühl-Terrasse)'를 산
책하는 게 훨씬 나을 것이다. 츠빙어 앞의 아우구스투스 다리에서 성

젬퍼 오페라하우스의 전면부.

모교회 바깥쪽 카롤라 다리까지 5백여 미터, 엘베 수면보다 10미터 높게 쌓은 둑에 조성한 테라스는 구시가지의 미술관과 예술아카데미 등 여러 건축물과 연결되어 있다.

원래는 16세기에 만든 방어용 군사시설이었다. 그런데 19세기 중반 내각 총리였던 브륄(Heinrich von Brühl, 1700-1763) 백작이 테라스를 갤러리, 도서관, 궁전, 정원 등과 연결했다. 따라서 하부의 방어용 시설이 아무 쓸모가 없어졌고, 민간인의 출입을 막을 명분도 사라졌다. 나폴레옹전쟁 이후 시정부는 출입 통제를 폐지하고 테라스를 레저시설로 바꾸었다. 곳곳에 조각상을 세우고 출입구와 계단을 만드는 한편 작은 광장을 조성해 해가림 시설과 나무 의자를 설치했다. 군용시설에서 왕과 귀족 전용 테라스를 거쳐 시민공원으로, 브륄의 테라스는 유럽 역사의 궤적을 따라 진화했다.

저녁밥을 배불리 먹고 호텔로 돌아가기 전에 한적한 테라스를 느리게 걸었다. 구시가는 크지 않았고 조명도 소박했다. 강 건너 신시가지도 마찬가지였다. 부다페스트나 프라하의 밤 풍경에 비하면 드레스덴의 야경은 야경이라 할 수도 없었다. 오래 비가 내리지 않아 엘베의 수면은 멀리 내려갔고 유람선들은 선착장에 묶여 있었다. 습도가 낮아서인지 밤바람이 서늘했다. 엘베를 따라 테라스를 걷는 밤 산책, 단 하루라도 드레스덴에 머문다면 놓치지 말아야 할 즐거움이 아닌가 싶었다.

엘베강을 따라 들어선 브륄 테라스.

정력왕 아우구스트

오늘의 빈은 요제프 황제가 만들었다고 할 수 있다. 그러면 드레
스덴은? 왕궁의 마구간 건물 외벽에 만든 '귀족들의 행진' 부조 맞은
편 작센주 고등법원 앞에서 유력한 후보를 발견했다. 작센왕 아우구
스트 1세(Friedrich August I, 1750 - 1827)다. 법원 청사는 19세기에 지은 신
분제 의회 '슈탠데하우스(Ständehaus)'였다. '슈탠데'는 '슈탄트(Stand)'의
복수형이고, 슈탄트의 여러 뜻 중에 '계급'이 있다. 직역하면 '여러 계
급의 집'이다.

슈탠데하우스 앞 커다란 좌상의 석재 받침대 네 방향에 각각 다
른 글귀가 적혀 있었는데 정면의 문구가 "프리드리히 아우구스트 데
어 게레히테(Friedrich August der Gerechte)"였다. 게레히트(gerecht)는 '정의
로운' 또는 '공정한'이라는 말이니 번역하자면 '공정왕 아우구스트'
다. 받침대 왼쪽 면의 글귀는 "공정왕의 명성은 영원하리(Der Nachruhm
des Gerechten bleibt ewig)"였다. '흠, 이 사람 같군. 구시가지 한가운데 광장
에 이렇게 큰 좌상을 만들어 둔 건 그가 업적이 많은 왕이라서야!' 그
렇게 짐작하면서 '공정왕 아우구스트' 뒷조사를 해보았다. 바로 옆이
시티투어 마차 출발지여서 사람이 북적였지만 그 좌상을 눈여겨보는
이는 거의 없는 것으로 미루어볼 때, 그의 명성이 영원하기를 바랐던
좌상 제작자들의 소망은 이루어지지 않은 듯했다.

'공정왕 아우구스트'는 특별한 지배자이긴 했다. 그 사람 덕에 역
사적으로 폴란드와 가까웠던 작센 지방이 왕국이 되었고 촌동네에
지나지 않았던 드레스덴은 왕국의 수도가 되었다. 구시가지 한가운

공정왕 아우구스트의 좌상, 눈여겨보는 이가 없었다.

데 좌상을 세울 만했다. 그는 원래 '프리드리히 아우구스트 3세'로 폴란드와 작센을 지배했는데, 나폴레옹전쟁 때 프로이센과 프랑스 사이에서 등거리 외교를 펼친 덕에 나폴레옹 황제한테 작센 왕위를 받아 '아우구스트 1세'를 칭하게 되었다. 그러나 이렇다 할 업적을 남긴 건 아니었다. 나폴레옹과 동맹을 유지하면서 프로이센과 싸우다가 패전해 포로가 되었고 영토의 절반을 프로이센에 빼앗겼다. 풀려난 후 빼앗긴 영토를 되찾아 작센을 다시 통합하려고 노력했지만 크게 성공하진 못했다.

드레스덴은 '공정왕 아우구스트' 시대에 '바로크 도시' 또는 '엘베의 피렌체'라는 별칭을 얻었다. 그때는 엘베 양안에 화려한 바로크 스타일 집이 빼곡했다. 하지만 구시가지의 역사적 건축물과 볼거리를 만든 지배자는 다른 '아우구스트 1세'였다. '프리드리히 아우구스트 데어 슈타르케(Friedrich August der Starke, 1670-1733)', 원조 아우구스트 1세. 이 이름을 어떻게 번역하면 좋을까. 슈타르크(stark)는 '센' 또는 '강력한'이라는 뜻이니 '아우구스트 대왕'이라고도 할 수 있겠지만 그의 생애를 고려하면 '정력왕'이라고 해야 맞을 것이다.

'정력왕 아우구스트'는 기골이 장대하고 힘이 장사였다. 권력 행사를 즐겼고 돈과 여자를 밝혔으며 미식가로 명성이 높았다. 독일 공주와 결혼해 아들을 낳았지만 평생 헤아릴 수 없을 정도로 많은 여자를 가까이했다. 공식 애인이 열둘, 친자로 인정한 혼외자만 아홉이었다. 혼외자녀가 3백 명 넘는다는 소문이 나돌았다. 그렇지만 흥청망청 놀기만 했던 건 아니었다. 엄청나게 많은 일을 했다. 무엇보다 수많은 건축물을 세우고 문화 예술을 진흥해 드레스덴을 바로크 스타

일의 문화도시로 바꾸어 놓았다. 성모교회 신축을 결정했고 츠빙어
와 교외의 필니츠 궁전을 기획했다. 큰불에 무너진 강 건너 주거 지
역을 바로크 스타일의 '성안 신시가'로 재건했다. 3만여 점의 중국·
일본 도자기를 모았고 드레스덴 북서쪽의 마이센(Meißen)에 유럽 최
초의 도자기 공장을 세웠다. 접시 하나에 수백만 원 나가는 '마이센
도자기'가 그때 탄생했다. 왕궁의 동판화 전시실과 조각 전시실도 그
의 유산이다.

국제사회에서 왕으로 인정받고 싶은 욕심에 가톨릭으로 개종하
기까지 했지만 정력왕은 뜻을 이루지 못하고 예순셋 나이에 당뇨 합
병증으로 세상을 떠났다. 체형과 생활습관으로 미루어보면 젊어서부
터 당뇨를 앓았을 가능성이 높다. 유언에 따라 시신은 폴란드 크라쿠
프에 묻었고 심장은 금을 입힌 은상자에 담아 드레스덴 호프 성당에
안치했다. 왜 구시가에 '정력왕 아우구스트'의 동상이 없는지 의아했
다. 도시를 만든 사람은 '정력왕'인데 나폴레옹한테서 왕위를 받았다
고 해서 '공정왕'을 더 높이 받든다는 게 말이 되나? 작센 사람들한테
'변두리 열등감'이 있었나? 그런 의문이 들었다.

사실 작센주는 예나 지금이나 변두리가 맞긴 맞다. 세력이 약했
고 독일 역사에서 주도적인 역할을 하지도 않았다. 주 도인 드레스덴
도 마찬가지다. 남북 23킬로미터 동서 27킬로미터 정도인 드레스덴
은 숲과 녹지가 도시 면적의 60%가 넘고 문화재로 지정 보호하는 정
원·공원·묘지가 많으며 엘베강의 지류와 개천들이 곳곳에 흐른다.
20세기 중반 인구가 64만 명을 넘겨 독일에서 다섯 번째로 많았지만
제2차 세계대전 직후 47만 명 선으로 급감한 이래 계속 줄어들다가

최근 들어 독일 최고 출산율을 기록하면서 56만 명 수준을 유지하고 있다. 상주 외국인은 인구의 6%로 다른 대도시보다 현저히 적고 외국인 관광객도 많지 않다. 베를린이나 프랑크푸르트에는 견줄 수 없는 '시골'이다.

옛 동독 도시들은 전반적으로 국제화 흐름에서 뒤떨어졌는데 드레스덴은 특히 그렇다. 작센주의 엘베계곡 인근 지역은 한때 '무지의 계곡(Tal der Ahnungslosen)'이라는 별명이 있었다. 통일 이전에 동독 사람들이 만든 말인데, 정확하게 번역하면 '뭘 모르는 사람들의 동네'쯤 된다. 작센 사람들이 남달리 못난 데가 있었던 게 아니다. 동서독 정부는 통일 한참 전에 방송을 상호 개방했기 때문에 동독 사람들도 서독의 경제발전 수준과 정치 상황을 알고 있었다. 그렇지만 동서독 국경에서 먼 엘베계곡 일대에서는 서독 텔레비전과 라디오 전파를 수신하기 어려워서 정보가 부족했다. 동독 시민운동가들이 모금해서 위성안테나를 세우고 가정집에 케이블을 설치하는 운동을 벌였지만 큰 성과가 없었다. 작센 사람들은 동독체제에 대한 불만이 상대적으로 적었고 통일 이후 새로운 사회에 적응하는 데 남들보다 큰 어려움을 겪었다. 드레스덴은 그런 지역의 대표 도시답게 분위기가 소박하고 정겨웠다.

성안 신시가

둘째 날은 느긋하게 호텔 조식을 먹은 다음 강 우안의 신시가를 탐사하려고 역사적 구시가의 한가운데를 지나고 아우구스투스 다리를 건너 성안 신시가지의 중앙로(Hauptstrasse)까지 곧바로 걸었다. 성안 신시가는 기초 정보만 알고 갔는데 의외로 재미있었다. 곳곳에 역사 깊은 건축물과 아름다운 분수, 작은 박물관, 공연장이 있었고 구시가에 없었던 '정력왕 아우구스트'의 자취도 여럿 보았다. 성안 신시가는 그가 '새로운 왕도(王都)'라는 슬로건을 걸고 재건한 계획도시였으니 당연한 일이었다.

아우구스투스 다리를 다 건너기도 전에 강렬하게 햇빛을 튕겨내는 '황금기사(Goldner Reiter)' 동상이 눈에 들어왔다. 정력왕 아우구스트였다. 달리 거기 서 있을 사람이 누가 있겠는가. 앞다리를 치켜든 말 등에 앉아 왼손으로 고삐를 쥐고 칼집을 쥔 오른손을 늘어뜨린 채 고개를 든 그의 시선은 폴란드를 향해 있었다. 폴란드의 왕이었던 그는 신성로마제국 황제 선출권을 가진 작센의 선제후(選帝侯)였다. 로마제국 황제 같은 포스를 내뿜는 바로크 스타일의 기마상 받침대에 금박으로 새긴 라틴어 문장이 있었다. 황금 옷을 입은 기사는 아우구스트 1세이고 아들 아우구스트가 1736년 동상을 제막했다는 내용이었다. 드레스덴 시민들은 청동에 금박을 입힌 그 동상을 너무나 소중히 여긴 나머지, 제2차 세계대전 때 여러 조각으로 쪼개어 안전한 곳에 보관해 두었다가 1965년 다시 붙여 세웠다. 정력왕 기마상을 구시가 왕궁 옆에 세우려다가 신시가지로 변경했다고 하는데, 구시가와 신시가 모두 그가 만들었으니 어디에 세웠든 다 자연스러웠을 것이다.

황금기사 동상 건너편 강변 가까운 곳에 땅에 붙은 듯 조그만 청동상이 또 있었다. 피에로 옷에 끝이 뾰족한 모자를 쓰고 카드를 쥔 정력왕 아우구스트의 존재감을 보여주는 '성안 신도시' 초입의 황금기사.

FRID. AVGVSTVS I.
DVX SAXONIAE S.R.I.PRINCEPS
ELECTOR ARCHIMARESCHALCVS
IDEMQVE REX POLONIAE
AVGVSTVS II.

왼손을 내민 채 허리를 굽히고 오른손을 등 뒤에 감춘 남자였다. 내
민 왼팔에는 보자기를 걸쳤고 발밑에는 원숭이와 작은 인형들이 있
었다. 18세기 작센에서 가장 유명했던 엔터테이너, 왕궁 광대 요제프
프뢸리히(Joseph Fröhlich)였다. 떠들썩하게 노는 걸 좋아했던 '정력왕'은
크고 작은 행사에서 남녀노소 모두를 웃게 만든 프뢸리히를 총애했
다.

　지도에는 '광대의 집 기념 동상(Narrenhaus-denkmal)'이라 나와 있었
다. 프뢸리히가 살았던 3층집 자리에 세웠다는 뜻이다. 그는 오스트
리아에서 유복자로 태어나 할아버지의 방앗간에서 일하다가 눈속임
마술을 배워 인생행로를 바꾼 사람이었다. 1727년 드레스덴 왕궁의
마술사가 되어 작센과 폴란드를 오가며 공연했는데, 검은 주머니에
서 비둘기를 꺼내고 카드를 사라지게 하는 마술부터 동물 쇼와 스탠
딩 코미디까지 여러 장르에서 최고의 기량을 보인 종합 엔터테이너
였다. 3백 년 늦게 태어났다면 '아메리카스 갓 탤런트' 오디션을 석권
했을지도 모른다. 요제프는 합스부르크제국에서 가장 흔한 이름이다.
하지만 '프뢸리히'라는 성은 그렇지 않다. '기쁜' '명랑한' '즐거운'이
라는 말이니 예명임이 분명하다. 프뢸리히는 1756년 프로이센 군대
가 쳐들어오자 가족을 데리고 바르샤바로 이주했고, 그가 살던 집은
나중 여관으로 쓰이다가 폭격 때 부서졌다. 정치 권력자도 종교 지도
자도 위대한 예술가도 아닌 광대의 존재를 기억하려고 세운 청동상
은 처음 보았다.

　성안 신시가 한복판인 중앙로는 왕복 8차선 도로를 너끈히 만들
수 있을 만큼 넓은 보행자 전용 도로인데, 우람한 플라타너스가 넓게

그림자를 드리워서 그 자체가 하나의 공원이었다. 그 일대에서 존재
감이 단연 큰 건물은 중간쯤에 있는 동방박사교회(Dreikönigskirche)였다.
드라이쾨니히(Dreikönig)는 직역하면 '세 왕'이다. 동방에서 예루살렘의
별을 보고 아기 예수를 찾아와 선물을 바친 신약의 등장인물이다. 독
일의 옛 성경에서는 '왕'으로 번역했던 것 같지만 나는 '동방박사'라
고 하는 게 나으리라 판단했다. 이름이 특이해서 들여다보았다가 실
내 공간의 절반이 카페여서 깜짝 놀랐다. 중앙설교대 바로 앞에서는
서른 명 정도가 조용히 예배를 보고 있었다.

    무슨 교회가 이런가 싶어 연혁을 살펴보았다. 동방박사교회는 교
회들의 교회 또는 행사 전문 교회였다. 원래 그 자리에 있었던 중세
고딕 성당은 대화재 때 무너졌고 신시가를 조성하면서 게오르게 베
어가 바로크 양식 교회로 신축했다. 1984년 재건축을 시작해 1991년
87.5미터 높이의 첨탑을 가진 원래 모습을 되살려 신시가 루터파의
중심 교회로 삼았다. 강연·회의·교육·전시·콘서트를 할 수 있는
공간을 다양하게 갖추고 있어서 통일 직후에는 한동안 주의회 회의
장으로 쓰기도 했다.

    동방박사교회 바로 왼쪽에 소극장과 카페가 있기에 들어가 보았
다. 극장 이름이 특이했다. '소시에태츠테아터(Societaetstheater)', 우리말
로는 '동호회극장' 또는 '시민극장'이라고 할 수 있겠다. 마당의 파라
솔 아래서 동네 사람으로 보이는 손님들이 브런치를 즐기고 있었다.
빵과 쥬스, 커피, 갖가지 채소, 스프, 소시지와 살라미 등을 정갈하고
푸짐하게 차려두었는데 가격은 1인당 10유로 수준으로 저렴했다. 이
런 곳이 있다는 걸 알았더라면 호텔 아침밥을 먹지 않았을 텐데! 커

성안 신도시 중앙로, 길이 아니라 공원 같았다.

피를 마시며 안내 리플릿을 살펴보았더니 화·수·목요일은 오후와 저녁, 일·월·금요일은 저녁에만 공연하는 복합 소극장이었다.

소시에태츠테아터는 1776년 드레스덴의 시민들이 만든 아마추어 회원제 공연장이었다. 독일과 프랑스가 정치적으로 날카롭게 대립했던 정치·군사적 상황 때문에 드레스덴 연극계를 이끌던 프랑스 배우들이 떠나자 왕립극장에서는 공연 기회를 얻지 못했던 독일 배우들의 몸값이 올라갔다. 귀족 청년들 사이에서 유행이 되었던 연극 붐은 드레스덴의 부유층 시민들에게 퍼져나갔다. 그들은 동호회를 만들어 함께 연극을 관람하고 직접 연극 공연을 했는데, 여러 곳을 옮겨 다니다가 지금의 소시에태츠테아터 건물에 정착했다. 가장 많았을 때 회원 수가 75명 정도였던 동호회는 민주적으로 운영했고 날씨가 좋지 않은 가을부터 다음 해 봄까지 주로 활동했다. 드레스덴의 동호회가 유명해지자 작센의 다른 도시에도 비슷한 모임들이 출현했다.

오래가는 유행은 없는 법이어서 연극동호회는 점차 시들해졌고 19세기 들어서자 직업 배우 지망생들의 연습 무대로 성격이 바뀌었다. 1832년 동호회가 해산했고 극장 건물은 주택과 공장으로 쓰였다. 운 좋게도 부서지지 않고 폭격을 견뎌냈지만 너무 낡아서 1970년대 시민운동가들이 되살려낼 때까지는 빈집으로 버려져 있었다. 동독은 사회주의국가였지만 비정치적인 시민운동을 허용했다. 드레스덴 대학에 다닐 때부터 성안 신시가의 민가 복원에 관심을 가지고 활동했던 건축가 한 사람이 극장 살리기 운동 단체를 결성하고 당국을 설득해 문화재 지정을 받아냈다. 그리고 통일 이후 시정부가 은행의 후원

을 받아 그 집을 시민극장으로 개조했다. 소시에태츠테아터는 예술가들에게 연극 · 무용극 · 악극 · 인형극을 공연할 작은 무대를 제공하고 있었다.

내가 고른 성안 신시가의 슈퍼스타는 알베르트 광장(Albertplatz)이다. 중앙로의 강 반대편 끝에 있는 그 광장에는 쌍둥이 분수가 있었다. 트램 선로 서쪽 분수 '포효하는 파도(Stürmische Wogen)'는 질주하는 야생마 같고 반대편의 '고요한 물(Stilles Wasser)'은 백합을 든 요정을 상상하면 된다. 1890년대 초 화강암으로 만들었던 두 분수가 폭격을 맞아 사라졌다. 그 자리에 동독 정부가 세웠던 소련군 전사자 추모 조형물을 통일 후 철거하고 분수를 복원했다. 광장 북쪽 가장자리에 일정한 온도로 물이 올라오는 샘에는 신고전 양식 돌기둥과 지붕을 씌워놓았다. 알베르트 광장은 노면전차 3, 7, 8라인이 교차하며 아홉 개나 되는 길이 방사형으로 뻗어나가는 신시가 교통의 중심이다. 벤치에 앉아 광장을 보고 있는데 쌍둥이 분수 사이 정류장에 연두색과 보라색 옷을 입은 트램이 멈추어 섰다. 그런 광경을 볼 줄은 몰랐다. 나는 그곳이 '세상에서 두 번째로 예쁜 트램 정류장'이라고 생각한다. '제일 예쁜 정류장'은 아직 발견하지 못했다. 사진으로 그 느낌을 다 전하지 못하는 게 안타깝다.

요한왕의 아들 이름을 붙인 알베르트 광장은 성문을 뜯어낸 자리에 조성했다. 광장을 중심으로 옛 성벽 자리를 따라 만든 좌우의 순환도로 말고도 길 일곱 개가 방사형으로 뻗어 있었는데, 그 길 이름들이 대단했다. '왕의 길(Königsstrasse)'도 있었고 합스부르크 여제 마리아 테레지아를 떠올리게 하는 '테레지아 길(Theresienstrasse)'도 보였다.

폭격 피해를 상대적으로 덜 받아서 어느 정도 복원할 수 있었던 덕에 네오바로크 스타일의 저택과 금융기관이 많이 남아 있는 광장 주변을 산책하다가 에리히 캐스트너 기념관(Erich Kästner Museum) 이정표를 보았다. 캐스트너는 드레스덴 성밖 신시가에서 태어나고 자란 평화주의 성향 작가로 어린이 책뿐 아니라 다양한 장르의 글을 썼는데 나치가 자신의 책들을 '비독일적'이라고 지목해 불태우는 것을 보면서도 망명하지 않고 베를린에 남아 전쟁의 고통을 견뎌냈다. 어린 시절 《하늘을 나는 교실》이나 《에밀과 세쌍둥이》를 읽고 감동을 받은 사람이라면 그의 이름을 기억할 것이다.

알록달록공화국

성밖 신시가를 꼭 보려고 했던 것은 아니다. 구글에서 검색한 식당이 그쪽이라 점심을 먹으려고 갔다. 도스토옙스키의 소설 주인공 이름을 옥호로 건 식당이어서 호기심이 동하기도 했다. 알베르트 광장을 벗어나 성밖 신시가에 진입했는데 길 한가운데에 택시와 트램을 포함한 모든 차량 통행을 주말 사흘 동안 금지한다는 임시 입간판이 서 있었고 큰길과 골목이 온통 사람 천지였다. 트램 레일이 지나가는 큰길에 하얀 식탁보까지 씌운 탁자를 놓고 음식을 먹는가 하면, 그늘진 인도에 소파를 두고 누워 자기도 했다. 팝에서 클래식 연주까지 사방에서 온갖 음악 소리가 들렸고 곳곳의 아파트 베란다에 정부의 주택정책을 비판하는 플래카드가 걸려 있었다. 그날 아침 시작한

알베르트 광장, 세상에서 두 번째로 예쁜 트램 정류장.

드레스덴 성밖 신시가 축제였다.

극히 일부 지역만 보았기에 그 축제의 전체 모습이 어떤지는 모르겠다. 그러나 알베르트 광장에서 멀지 않은 마르틴 루터 교회 근처에서 본 것만으로도 충분했다. 축제는 한 마디로 '카오스'였다. 커다란 비눗방울 풍선을 날리는 남자부터 주머니 마술을 공연하는 매지션, 저글러, 버스커, 초등학생 합창단, 탄소배출을 줄이자는 플래카드를 든 환경운동가들의 행진, 동물보호단체의 채식 캠페인, 공예품 판매상과 음식 노점까지, 도대체 무슨 축제인지 알 수가 없었다. 모두가 남이 뭐라 하든 제 하고 싶은 것을 하는 듯했다. 여긴 독일인데 이럴 수가, 독일 사람들이 질서와 규칙이라고는 그림자도 비치지 않는 행동을 하다니! 놀라웠다.

점심을 먹으면서 정보를 찾아보았다. 아, 그건 원래 그런 축제였다. 아무것도 모른 채 가서 드레스덴 성밖 신시가의 축제를 우연히 보았으니 운이 좋았다. 축제의 이름은 'BRD(Bundes Republik Deutschland, 독일연방공화국)'를 패러디한 'BRN(Bunte Republk Neustad, 신시가 알록달록 공화국)'이었다. 6월 세 번째 주말 사흘 동안 연다는 것 말고는, 성격과 내용에 대해 아무 합의가 없어서 누구나 하고 싶은 것을 제 마음대로 하는 축제였다. 몇몇 청년들이 통일 직전이었던 1990년 6월 22일부터 사흘 동안 성밖 신시가 임시정부 수립을 선포하고 BRN 축제를 연 게 시작이었다.

그들은 동네 선술집에서 낮술을 마시다가 현실의 국가와 정반대인 '미니국가(micro-nation)'를 창설하기로 의기투합했다. 주권자는 아무 권한이 없고, 국방장관의 임무는 전투력을 해체하는 것이고, 뭐 그

성밖 신시가 알록달록공화국 축제 거리 풍경.

런 괴상한 공화국이었다. 아이디어는 참신하고 비정치적이었다. 예컨대 성밖 신시가 주요 도로에 흰색 페인트로 영토를 표시한다든가, 삼색 바탕에 이삭 월계관을 쓴 미키마우스 머리를 그려 동서독 국기를 패러디한 깃발을 만든다든가, 동서독 화폐와 일정한 환율로 교환해주는 지역 화폐를 제작해 축제 기간 결제 수단으로 쓴다든가 하는 것이었다. 하지만 이런 방법으로 정치적 색채를 지우려 했던 그들의 의도와 달리 드레스덴 시정부는 축제의 공식 추진 주체를 형성하는 데 협조하지 않았고 극단 성향의 시민들이 좌우 폭력대결을 벌이는 사태가 벌어졌다.

결국, 시정부는 시민들이 개별적으로 행사 계획을 신고하게 하는 방안을 채택했고 축제는 그야말로 무정부적이고 평화로운 행사로 진화했다. 시 당국이 성밖 신시가 거주자한테만 도로 점용허가를 내주기 때문에 외부의 장사꾼은 끼어들 수 없다. 사흘 동안 교통을 완전 차단하며 시민들은 자기네가 만든 운송 수단에 앰프와 스피커를 싣고 다니면서 춤을 추고 행진을 벌인다. 우리가 본 사람들은 대부분 그 동네 사람들이었다. 카메라를 들고 어슬렁거리는 관광객이 흔치 않았고, 우리 말고는 한국인을 하나도 보지 못했다.

성밖 신도시는 인구가 급증한 19세기 후반에 조성했고 지금도 그때 모습을 그대로 유지하고 있다. 역사적 구시가나 성안 신시가와 달리 큰 건물이 드물었고 대부분 저층 공동주택이라 서민 냄새가 물씬했다. 지도를 살펴보니 작은 규모의 숙박업소와 식당, 술집, 바, 클럽이 지천이었고 영화관과 나이트클럽도 눈에 띄었다. 거주자들이 젊은 탓에 다양한 문화공간이 생겨났다. 우리가 점심을 먹은 식당의 분위기도 그랬다.

드레스덴의 음식

드레스덴의 음식에 대해서는 큰 기대를 하지 않았는데, 지나고 보니 걱정을 할 필요도 없었다. 어디를 가나 푸짐하고 저렴하며 그럭저럭 먹을 만했다. 첫날 점심은 구시가의 규모가 큰 식당에서 먹었는데, 옛날 왕궁 구내식당 비슷한 역할을 한 곳이라 실내장식과 집기뿐 아니라 음식과 직원들의 옷까지 모두 전통적이었다. 츠빙어 근처와 성모교회에서 브륄 테라스 가는 길목에 전통 독일 음식을 파는 식당이 많았다. 중앙역 가까운 '자본주의 건축양식' 건물 식당에서 파스타와 피자를 먹어보았는데 가성비가 무척 좋았다. 서울의 전문점보다 가격은 저렴했고 양은 두 배쯤 많았으며 맛도 기대 이상이었다.

독일 우스개에 이런 말이 있다. "세상에서 제일 얇은 책은 미국 역사책과 독일 요리책이다." 이 독일식 '셀프디스'는 일리가 있을 뿐 전적으로 옳은 건 아니다. '겉바속촉'한 독일 빵 브뢰첸(Brötchen)에 구운 소시지를 끼우고 겨자 소스를 곁들이면 매우 훌륭한 음식이 된다. 돼지 무릎 부위를 초벌 삶은 다음 불에 돌려가며 구운 슈바이네학세(Schweinehaxe)도 한국인 취향을 저격한다. 영국에 장기 거주한 적 있는 친구 말로는 영국에 비하면 독일 음식이 한 등급 위라고 한다.

굳이 성밖 신도시까지 점심을 먹으러 간 것은 '독일 전통음식'도 '미국식 패스트푸드'도 아닌, 젊은이가 많은 동네의 식당에서 파는 창의적인 음식을 맛보고 싶어서였다. 축제 인파를 헤치고 찾아간 그 식당은 알베르트 광장에서 그리 멀지 않은 성밖 신시가의 한적한 뒷골목 낡고 작은 집에 있었다. 해가 뜨거워서 나무 그늘이 드리운 정원의 테이블이 아니라 실내에 자리를 잡고 앉았다. 메뉴 소책자에 남자 둘이 술집에 앉아 이야기를 나누는 그림을 인쇄해 두었는데, 작품을 설명한 문장이 재치 있었다. "라스콜니코프(Raskolnikow)와 마르멜라도프(Marmeladow), 라스콜니코프(Raskolnikoff)는 아님! 일러스트레이터 미하일 페트로비치 클로트(Michail Petrowitsch Klodt, 1874)."

클로트는 제정 러시아 말기에 사람들의 일상생활 모습을 주로 그린 화가인데 판화 작품을 많이 남겼다. 소설《죄와 벌》의 일러스트였던 이 그림은 채색한 석판화로 원본은 모스크바 국립도서관에 있었다. 러시아 문단의 빅 스타 도스토옙스키의 책에 그림을 넣었으니 어느 정도 명성 높은 화가였는지 짐작할 만했다. 그 식당과 소설 주인공의 이름은 끝 철자가 살짝 달랐다. 이 집을 그림 속의 식당과 혼동하는 사람이 있어서가 아니라 손님더러 잠깐 웃으라고 적어둔 문장이었겠지만, 식당 이름을 확실하게 각인하는 효과가 있었다. 주문을 받으러 온 직원한테 소책자의 그림을 가리키며 농담을 건넸다. "이 집인 줄 알았어요."

식당 칠판에 전식 둘, 메인 여섯, 후식 둘을 써 놓았기에 모두 다 하나씩 달라고 했다. 일행 일곱 가운데 여자가 넷이어서 그 정도면 충분했다. 수프와 샐러드로 시작해, 돼지, 송아지, 오리, 소시지, 연어, 청어요리를 거쳐 초콜릿 무스까지 음식은 모두 신선하고 맛이 좋고 양이 많고 저렴했다. 빼어난 맛집이라고 할 수는 없겠지만 실용적이

성밖 신시가 축제 인파를 헤치고
맛집을 찾아가는 길.

고 개방적인 성밖 신시가의 문화를 엿보는 데는 충분했다. 세상에서 제일 얇은 게 독일 요리책이라는데, 무얼 더 바라겠는가.

BRN 축제를 조금 더 본 다음 알베르트 광장과 성안 신도시의 바로크 구역을 거쳐 구시가로 돌아오면서 사진을 찍는 데 시간을 넉넉히 썼다. 브륄 테라스에서 보니 해가 기울어 그늘이 드리운 구시가에서 성모교회 지붕만 햇볕을 받아 황금색으로 빛나고 있었다. 드레스덴 야경은 어제와 마찬가지로 은은했다. 검색엔진이 보여주는 야경 사진들은 특수기법을 썼거나 포토샵으로 보정한 것임이 분명하다. 그런 장면을 기대하고 간다면 실망할 것이다.

그나마 화려한 밤 풍경은 1998년 문을 연 중앙역 근처의 영화관 '크리스틸 궁전(Kristallpalast)'에서 볼 수 있었다. 콘크리트와 강화유리와 금속을 조합해 지은 이 집은 '해체주의와 실용주의를 절충'했다는 평가를 받는다. 균형과 안정성을 중시하는 기존의 건축 문법을 벗어나 선과 공간을 구부리고 겹치고 비틀어 지은 집의 용도가 영화관이니 그렇게 말하는 것이리라. 좋은 구경거리이긴 했지만 크리스틸 궁전은 외로워 보였다. 주변에 사회주의 시대의 대형 빌딩이 너무 많아서

크리스털 팔라스트, 드레스덴 자본주의 양식 건축의 최고봉.

그런지, 누구의 호응도 받지 못하면서 혼자 춤추는 사람 같았다.

작은데도 큰 도시

두 번째 밤을 지내고 드레스덴을 떠나왔다. 빈·부다페스트·프라하처럼 아름답거나 볼거리가 많지 않았는데도 드레스덴은 오래 마음에 남았다. 독일 변방의 작은 도시지만 문명사의 여러 시대와 그 시대를 이끌었던 열망, 그 열망이 부른 참혹한 비극, 그 참극을 딛고 이루어낸 성취를 품고 있어서 그런 게 아닐까 생각한다. 그렇게 보면 드레스덴은 작지 않다. 어마어마하게 크다.

'바로크 도시 드레스덴'의 창조주는 '정력왕 아우구스트'였다. 그는 유럽의 봉건 영주가 자신의 능력과 중세적 특권으로 무엇을 이룰 수 있는지 보여주었다. 루터파 신교도들은 성모교회를 포함한 드레스덴의 역사적 구시가를 중세와 다른 모습으로 바꾸었다. 성모교회는 종교적 신념과 열정이 삶의 동력이 되었던 시대의 풍경을 간직하고 있다. 자유를 허락받았던 바이마르공화국 시대의 드레스덴은 문화예술을 꽃피웠지만 나치의 전체주의 폭력에 숨이 막혀 쓰러졌고 연합군의 폭격에 생명이 끊어졌다. 공산주의자들이 그 폐허 위에 세운 공동주택과 문화궁전은 신념의 무모함과 열정의 허망함을 증언하고 있었다. 재통일을 이루어 독일연방공화국 작센주의 수도가 된 드레스덴 시민들은 성모교회를 재건함으로써 부활의 서사를 완성했다.

성모교회의 부활은 인간의 두 얼굴과 인류의 두 미래에 관한 이야기인지 모른다. 성모교회는 우리 모두가 저마다의 내면에 지킬과 하이드를 품고 있다는 것을 보여주었다. 사람들은 이기성·배타성·공격성·잔인함·독선·맹목성에 사로잡혀 드레스덴을 죽였고 이타심·너그러움·동정심·관용의 정신을 회복해 되살렸다. 성모교회의 부활은 루터파 기독교인들끼리 이루어낸 종교적 사건이 아니다. 드레스덴을 폭격했던 미국과 영국의 시민들, 기업, 참전군인의 가족들, 희생자의 후손과 이웃, 세계의 시민들이 자유와 다양성과 관용의 정신이 깃든 평화로운 세계에 대한 희망을 투사해 이룬 문명사적 사건이다. 나는 부활한 성모교회에서 촛불을 올리고 기도하는 사람들을 보면서 그들의 소원이 실현되기를 기도했다.

성모교회는 이렇게 말하는 듯했다. '진리가 너희를 자유롭게 하리라는 말을 믿지 마. 너희는 완전한 진리를 알 수 없어. 너희를 자유롭게 하는 것은 관용뿐이야. 나와 다른 사람, 나와 다른 생각, 나와 다른 삶의 방식을 존중하는 것이지. 그러면 모두가 자유로워질 거야.' 다시 가면 또 촛불 하나 켜고 기도하고 싶다. 인간의 부족 본능이 과학과 손잡고 저질렀던 야만의 상처가 다 아물기를. 관용의 정신이 더욱 널리 퍼져 인간은 더 자유롭고 세상은 더 평화로워지기를!

Vienna

Budapest

Praha

Dresden